POLITIK UNTERRICHTEN

Angelika Lippe-Heinrich

Rollenspiele und Übungen zur Chancengleichheit

Bibliografische Information der Deutschen Nationalbibliothek

Die Deutsche Nationalbibliothek verzeichnet diese Publikation in der Deutschen Nationalbibliografie; detaillierte bibliografische Daten sind im Internet unter http://dnb.d-nb.de abrufbar.

Für Carola

www.wochenschau-verlag.de

Titelbild: Adobe Stock 271430108
Gedruckt auf chlorfrei gebleichtem Papier
Gesamtherstellung: Wochenschau Verlag
ISBN 978-3-7344-1528-9 (Buch)
E-Book ISBN 978-3-7566-1528-5 (PDF)
ISSN: 2749-6988
eISSN: 2749-6996
DOI https://doi.org/10.46499/1881

Inhalt

Vorwort

Von Gleichwertigkeit und Chancengleichheit sind wir in Deutschland noch weit entfernt.

Alle amtlichen Statistiken und die Daten der Marktforschung bestätigen die Existenz einer immer größer werdenden Schere zwischen Arm und Reich in Deutschland. Die Existenz einer gläsernen Decke und umfangreicher struktureller Barrieren, welche es Frauen und anderen Querschnittsgruppen deutlich schwerer machen, eine sozial und beruflich stabile Position aufzubauen, spricht eine deutliche Sprache. Diesem Trend entgegenzuwirken ist das Ziel dieser Publikation.

Dabei geht es nicht um Angleichung und Anpassung der einen an die anderen, sondern um die Anerkennung des Werts von Vielfalt für die Gesellschaft und für die Einzelnen. Das Bestreben nach Gleichheit und Gendergerechtigkeit ist in diesem Kontext nicht als biologische Kategorie im Sinne von Geschlecht/Sex zu verstehen, determiniert durch Geburt oder geschlechtliche Zuweisungen.

Wie im englischen Sprachgebrauch üblich wird in den folgenden Spielen und Übungen die Genderrolle als soziale Kategorie verstanden, die jeder Mensch frei nach Begabung und Wünschen ausgestalten kann. Daher wird in dieser Spielesammlung mit dem Bestreben nach Gleichstellung der Geschlechter auf allen Ebenen und Chancengleichheit ein besonderer Fokus auf ganzheitliches Lernen und gendergerechte Laufbahn- und Lebensplanung gelegt.

Das Ziel ist es, einen Artikulations- und Bewusstwerdungsprozess bei den Spielenden anzuregen, der dazu führt, sich mit den Konsequenzen von gesellschaftlich gebräuchlichen Stereotypen und einer i. d. R. geschlechtsspezifischen Berufswahl auseinanderzusetzen. Dieser Prozess der Bewusstwerdung kann für alle Beteiligten nur Vorteile bringen, da traditionelle Geschlechter- und Berufsrollen beide Geschlechter in ihren Entwicklungschancen beschneiden und oft in beruflichen Sackgassen münden.

Jede Person soll das machen, was sie am besten kann und wozu sie eine Motivation verspürt, ungeachtet von gesellschaftlichen Konventionen und Stereotypen. Nur so können sich Talente und Motivation entwickeln. Dieses Prinzip gilt nicht nur für Nobelpreistragende, sondern für alle Menschen in Deutschland, die täglich ihr Bestes geben und als motivierte und verantwortlich handelnde Menschen zukünftig immer dringender benötigt werden.

Die Praxis der Berufsbildung zeigt, dass diesem Anliegen trotz rechtlicher Gleichstellung vielfache Hindernisse entgegenstehen, welche letztlich die Verwirklichung gesellschaftlicher Chancengleichheit massiv behindern und damit demokratische Strukturen aushöhlen. Hieraus ergeben sich dringliche und massive Handlungsbedarfe im Bereich der Fortbildung ausbildender Personen und Personalverantwortlicher in der betrieblichen Praxis sowie der Wirtschaftsverbände, ebenso wie in allen Institutionen allgemeinbildender, schulischer und beruflicher Bildung.

1 Chancengleichheit hat viele Gesichter und eine lange Geschichte

Die Gleichheit und Würde der Bürger in einem demokratischen Staatswesen wird als das zentrale Ideal demokratischer Staatsformen hochgehalten, insbes. seit Beendigung des Zweiten Weltkriegs – doch wir alle wissen, dass es da noch viel zu tun gibt. Dieses Idealbild in der demokratischen Gesellschaft hat seit einigen Jahren viel von seinem Glanz eingebüßt.

Der Ursprung des heutigen Wohlfahrtstaats und der Kampf um Gleichheit, ein Wort, das heute vielfach und immer öfter als nichtssagende Hohlformel empfunden wird, ist heute vielen Menschen nicht mehr bekannt.

Die große soziale Frage und der Kampf um gesellschaftliche Anerkennung, der zu Beginn der Industrialisierung zum ersten Mal von einer kollektiven Bewegung gestellt wurde, ist heute mit ihren sozialen Errungenschaften immer mehr ins Vergessen geraten. Und dies, obgleich im Zeichen der Individualisierung und Digitalisierung von Wirtschaft, Arbeit und Gesellschaft die sozialen Ungleichheiten in der Gesellschaft immer mehr zunehmen. Dies schwächt den Zusammenhalt in einer demokratischen Gesellschaft. Das soziale Streben nach gleichen Arbeits- und Lebenschancen für alle Bürger verblasst mehr und mehr. Damit bröselt der Kitt, der unsere Gesellschaft zusammenhält.

1.1 Berufliche Gleichstellung von Männern und Frauen – Spleen oder echter Entwicklungsbedarf?

Die Gleichstellung von Männern und Frauen ist seit vielen Jahren gesetzlich verankert. Gleichstellungsziele manifestieren sich seit 1945 bis in die heutige Zeit in unterschiedlichen Gesetzen, Verordnungen und europäischen Verträgen, angefangen von Texten der Vereinten Nationen (1945), dem deutschen Grundgesetz (GG-Artikel 3.3 von 1949), der europäischen Menschenrechtskonvention (1950), dem Amsterdamer Vertrag (1997) oder den Zielvorgaben des europäischen Vertrags von Lissabon mit Blick auf das Jahr 2010. Danach ist die Gleichberechtigung der Geschlechter vor dem Gesetz längst vollzogen, was z.B. den Zugang zu Ausbildung und Beruf sowie das Prinzip der Lohngleichheit angeht. Eine immer wieder in Frage gestellte, unverbindliche Vereinbarung hinsichtlich der Chancengleichheit zwischen der Bundesregierung und den Spitzenverbänden der deutschen Wirtschaft, ebenso wie die nachfolgenden Ausführungen beweisen, dass dies eher theoretische Postulate als betriebliche Praxis in Deutschland sind (s. Abb. 1).

Mit Blick auf das sogen. „Gender Gap" nimmt Deutschland hinsichtlich des Bildungserfolgs von Frauen lediglich Platz 34 ein. Hinsichtlich ökonomischer Teilhabe und der ökonomischen Chancen steht Deutschland ebenfalls recht mittelmäßig da, wobei es mit Platz 9 im Gesamtranking der betrachteten Länder doch noch relativ gut abschneidet. Den Platz 1 hat Schweden inne, gefolgt von weiteren skandinavischen Ländern.

Die Mehrzahl der im Rahmen eines bislang einzigartigen BIBB-Wirtschaftsmodellversuchs befragten jungen Männer und Frauen im 2. Jahr der betrieblichen IT-Ausbildung gehen nicht davon aus, dass die Zielstellung der gleichen Rechte für Männer und Frauen heute noch aktuell ist. Eine der folgenden Äußerungen ist typisch für das unbewusste Ausblenden sozialer Ungleichheit der Geschlechter und war des Öfteren zu hören:

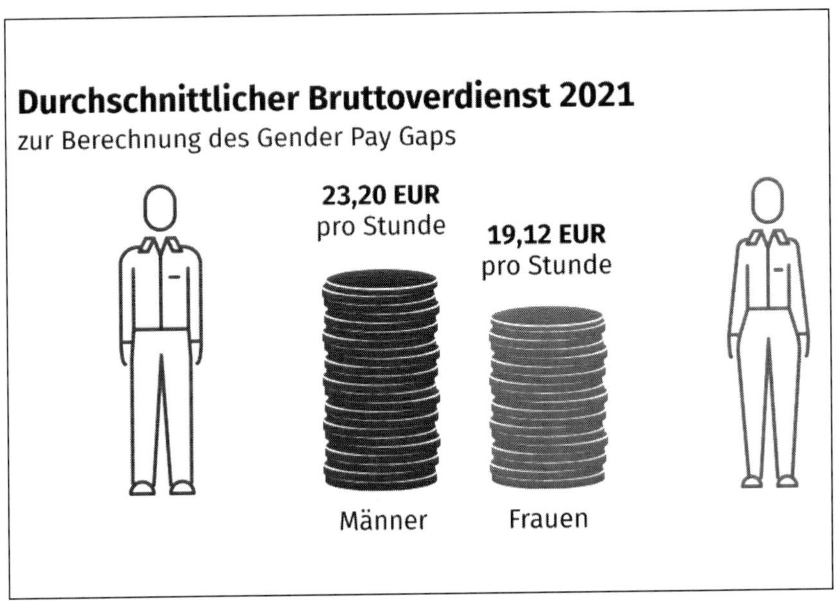

Abb. 1: Durchschnittliche Bruttoverdienste (Quelle: Statistisches Bundesamt (Destatis), 2022)

„Die Benachteiligung der Frauen im Arbeitsleben ist ein Relikt aus einer alten Zeit. Die Bevorzugung junger Männer wird nur noch von Älteren, meist älteren Männern ausgeübt, aber nicht mehr von den Jungen." (Lippe-Heinrich, 2021, S. 286)

Noch weniger charmant kommt dies in der folgenden Betrachtung eines männlichen Azubis zum Ausdruck:

„die Benachteiligung von Frauen ist ein Problem der sogen. Feministinnen, die wahrscheinlich unter einem anerzogenen Mangel an Selbstbewusstsein leiden. Für mich als Mann ist das aktuell sowieso kein Problem." (ebd., S. 287)

So oder ähnlich lauten nicht selten die Zurufe von IT-Auszubildenden beiderlei Geschlechts anlässlich von Gruppendiskussionen oder Einzelinterviews, wenn die Frage der Geschlechterdiskriminierung oder die fehlende Gleichberechtigung von Frauen in den IT-Berufen angesprochen wurde. Auch die befragten Frauen geben fast alle an, bis auf eine, bislang keine Benachteiligung erfahren zu haben.

Leider lassen sich diese Statements der Mehrheit befragter Auszubildender anhand amtlicher Daten und Statistiken sehr schnell wiederlegen, denn die Liste der Ungleichheiten betrifft heute noch alle Lebensbereiche in Familie, Arbeitswelt und Gesellschaft. Einfach ausgedrückt:

Familie: Die Frauen haben viel weniger Freizeit als Männer, da ihnen die Verantwortung für nahezu alle Aufgaben in Haus und Familie zugeordnet wird (s. OECD-Studie).

Arbeitswelt: Frauen werden seltener für Aufstiegs- und Führungspositionen in Betracht gezogen. Sie werden trotz vorhandener Kompetenz und Ausbildung vielfach schlechter bewertet und bezahlt. Die Einkommensunterschiede betragen immer noch 25 %. Sie sind in Karriere und Führungspositionen unterrepräsentiert und in hochdotierten Positionen der Wirtschaft, z.B. Vorstand- und Aufsichtsrat in mitbestimmten Unternehmen, immer noch kaum vertreten (s. hierzu aktuelle Daten in http://www. DIW resp. FES oder DESTATIS).

Gesellschaft: Männer besetzen nach wie vor die Schalthebel der Macht in Wirtschaft, Politik und Verbänden ...

Kaum noch präsent ist den Menschen die Erklärung der Acts of Civil Rights* in den USA (Alle Menschen sind frei geboren ...), welche als ethische Grundlage bei der Bildung der Vereinigten Staaten von Amerika gelten kann. Viel zu oft als Folklore missbraucht werden die Ideale der französischen Revolution von 1789: Liberté, Egalité, Fraternité (Freiheit, Gleichheit, Brüderlichkeit).

Heute weitgehend vergessen ist die Erhebung der Deutschen im Jahr 1848, der sogen. „Märzrevolution im Deutschen Bund", welche von preußischen und österreichischen Truppen mit militärischer Gewalt niedergeschlagen wurde. Der erste Versuch, einen demokratisch verfassten, deutschen Nationalstaat zu schaffen, war damit gescheitert und veranlasste Zehntausende zur Flucht nach Frankreich, England oder in die Schweiz bzw. nach Übersee. Kaum bekannt ist daher die Tatsache, dass der 1848/49 in der Frankfurter Paulskirche ausgearbeitete und damals niedergeschlagene Verfassungsentwurf in den Gründungstext des deutschen Verfassungsentwurfs 1948 eingeflossen ist.

Vergessen wird heute auch, dass der soziale und politische Kampf für die Demokratie und die Abschaffung der Aristokratie nicht nur den Boden für die Bereitung des deutschen Nationalstaats bereitet hat, sondern auch den Nährboden für die Entwicklung eines geeinten Europas. Leider werden heute diese historischen Meilensteine für die Entwicklung des Begriffs der Chancengleichheit als zentrales Element der Demokratie in dem Bewusstsein einer breiten Mehrheit der Bevölkerung nicht mehr erinnert. Die Erinnerungen wurden in den letzten vierzig Jahren im Bestreben um wirtschaftliche Erfolge und Prosperität verdrängt.

Heiß umkämpft ist insbes. seit den 90er Jahren des 19. Jahrhunderts das Prinzip der Gleichstellung und der Gleichwertigkeit von Männern und Frauen, aber auch der ethische Grundsatz, dass niemand aufgrund seiner regionalen oder ethnischen Herkunft, seiner Religion, seines Alters, seiner Hautfarbe, einer Behinderung bzw. anderer personenbezogener Eigenschaften diskriminiert und benachteiligt werden darf.

In Deutschland wurden erst im 20. Jahrhundert entscheidende Fortschritte hinsichtlich der juristischen Gegebenheiten erzielt, was die Würde des Menschen, aber auch die Gleichstellung von Frauen und Männern angeht. Noch bis 1957 waren Ehefrauen in der Bundesrepublik Deutschland von der Zustimmung ihres Mannes abhängig, wenn sie einer eigenen Erwerbsarbeit nachgehen wollten. Seitdem hat sich vieles verändert.

Heute sind Frauen in allen Bereichen den Männern rechtlich gesehen gleichgestellt, zumindest auf dem Papier. Zahlreiche internationale Verträge, Richtlinien der Europäischen Gemeinschaften und auch das deutsche Grundgesetz schreiben die Gleichstellung in allen Belangen vor (s. Abb. 2). Leider ist festzustellen: „Das Glas ist erst halb voll."

Als eine aussagekräftige, lehrreiche Erfahrung kann als Praxisbeispiel der folgende Erfahrungsbericht zum Fortbestand einer unbewusst wirkenden „Genderbrille" gelten. Sebastian (Azubi) kommt zu folgendem Fazit:

„Ich gehöre zu den Auszubildenden, die während ihrer Zeit im stationären Handel feststellen mussten, dass es immer noch nicht in dem Maße gleichberechtigt zugeht, wie es in der heutigen Gesellschaft wünschenswert wäre ... Bereits an meinem ersten Arbeitstag musste ich mit Erstaunen feststellen, dass sowohl Kundinnen als auch Kunden eher mich als männlichen Berater ansprachen, wenn sie den Laden betraten, als meine viel kompetenteren, fest angestellten Kolleginnen.

Dieses Phänomen ließ sich im Laufe des Einsatzes noch häufiger beobachten, speziell, wenn der Laden etwas leerer war.
Nach den Gründen für die Wahl des Beraters gefragt, gaben die meisten Kunden an, dass ihre Wahl keinen besonderen Grund habe …
Meine Erklärung ist jedoch folgende: Ich glaube, dass die Leute, wenn sie darauf angesprochen werden, die Meinung vertreten, nicht voreingenommen zu sein gegenüber einem Geschlecht.
Im täglichen Leben, wenn sie unbewusst handeln, zeigt sich jedoch, dass noch immer Klischees in den Köpfen vorherrschen und Handlungen vollbracht werden, die dem Gesagten widersprechen." (bfw 2005, Anhang, interne Projektdokumentation, BB1)

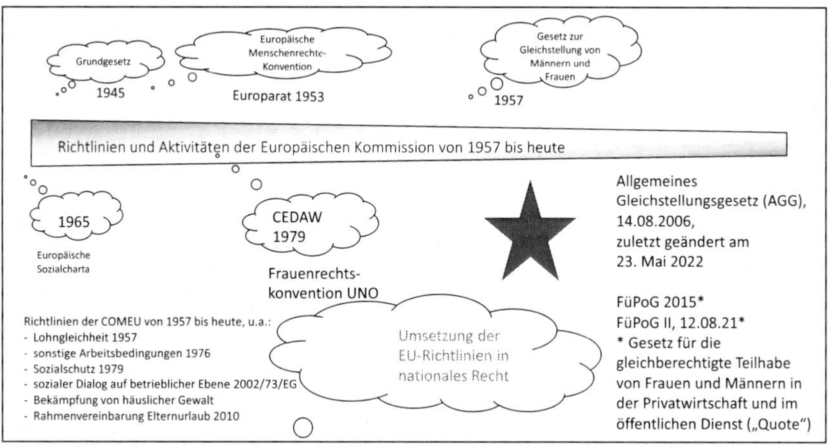

Abb. 2: Juristische Gleichstellung von Männern und Frauen in Deutschland seit 1945 (Quelle: eigene, erweiterte Darstellung nach Rust, U.: Gleiches Recht – gleiche Realität?, in: König, D./ Lange, J./Rust, U./Schöpp-Schilling, B.: Gleiches Recht, gleiche Realität?, Loccumer Protokolle, Evangelische Akademie Loccum, Loccum 2003)

1.2 Zur Chancengleichheit in der digitalisierten Gesellschaft

Das Wort „gleich" hat viele Bedeutungen, wie die folgende Auswahl von Synonymen zeigt: egal, konform, sehr ähnlich, vergleichbar, auf gleicher Stufe, gleichgeordnet, gleichrangig, konstant, gleichwertig, … belanglos, einerlei, gleichgültig, egal, schnuppe … (https://synonyme.woxikon.de/synonyme/gleich [19.10.2021, 9:30])

Nicht nur als Gleichberechtigungspostulat in den Unternehmen und als zentrales Element unternehmerischen Handelns in der Informationsgesellschaft, nein, auch als DNA jeglicher demokratischen Gesellschaftsordnung in einer globalen

Welt sind die Leitsätze der Gleichstellung aktuell wie nie. Die Anerkennung und Wertschätzung von Vielfalt ist das Rückgrat demokratischer Staatswesen. Der Grundsatz der Gleichheit setzt die Akzeptanz und die Wertschätzung von Vielfalt voraus. Erst diese soziale Kohärenz macht diese Gesellschaften stark, zukunfts- und innovationsfähig, denn in einer Zeit extremen Strukturwandels – der Infragestellung von althergebrachten Werten, Normen und Leitsätzen in der VUCA-Welt – werden permanent kontinuierliche, konsequente Anstrengungen von Einzelnen, den Unternehmen und der Gesellschaft verlangt. Statische Orientierungspunkte verlieren ihre Gültigkeit und damit wird Orientierung immer schwerer. Nicht nur in den Unternehmen, nein, auf gesellschaftlicher Ebene findet ein tiefgreifender Wandel statt. Daher ist es wichtig zu betonen, dass verwirklichte Gleichstellung den Zugang zu allen gesellschaftlichen Ressourcen erfordert und sich keinesfalls mit partiellen Sympathiekundgebungen oder Einzelevents zufriedengeben kann. Die Vielfalt dieser Potentiale, welche zu öffnen sind, zeigt das folgende Schaubild 3.

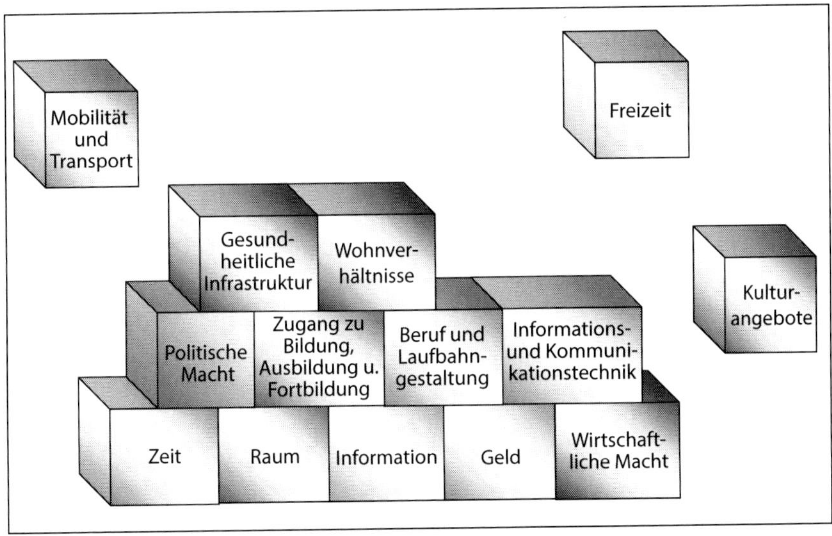

Abb. 3: Gleichstellung bedeutet den Zugang zu allen sozialen, wirtschaftlichen und gesellschaftlichen Ressourcen (Quelle: Lippe-Heinrich, 2003)

Dieses Gleichheitspostulat als Kern des Sozialstaats ist der rote Faden, der unsere Gesellschaft zusammenhält. Sozialer Zusammenhalt, ein Miteinander werden nur dadurch ermöglicht und es wird verhindert, dass die Gesellschaft auseinanderfällt in partikuläre miteinander konkurrierende Einzelinteressen. Der

Gedanke der Gleichwertigkeit, des sozialen Miteinanders, der Wertschätzung ist daher unverzichtbar für das Gelingen aktueller Transformationsprozesse in Gegenwart und Zukunft.

Dies sei vorangeschickt, auch wenn nicht immer offensichtlich ist, wozu ein Sozialstaatspostulat gut sein soll, welches immerhin ein gutes Drittel des laufenden ISP verschlingt. Es ist wenig nachvollziehbar, dass der sogen. Sozialstaat viele Jahre nach seiner Gründung und der Verabschiedung des Grundgesetzes noch beachtliche Lücken aufweist. Um nur einige wenige zu nennen:

- Ungleichheit von Löhnen und Gehältern zwischen Männern und Frauen und fehlende Karrierechancen für Frauen und andere benachteiligte Gruppen, aus denen ein beachtliches Pension Gap und Altersarmut von Frauen resultiert
- hohe Schulabbrecherquote von Jugendlichen, d.h. nahezu 25 % der SchulabgängerInnen verlassen die allgemeinbildende Schule ohne anerkannten Schulabschluss
- Kinder im Hartz-IV-Bezug von Kindern werden weniger gefördert und haben ungleiche Bildungschancen
- geringe Renten zwingen zahlreiche Rentner, insbes. Frauen, in die Altersarmut. Eine umfassende Rentenreform, die bewirkt, dass alle Erwerbstätigen in die Rentenkassen einzahlen, ist ausstehend.

Das Vorhandensein struktureller Barrieren für Gleichheit ist i.d.R. meist nicht mit der Absicht verbunden, zu diskriminieren. Nein, es sind unbewusste und vielfach dem Einzelnen immer noch verborgene Stereotypen, welche anachronistisches Verhalten bedingen. Verbreitete Vorurteile und stark vereinfachte Werthaltungen, die heute angesichts des demografischen Wandels in der globalen VUCA-Welt ihre frühere Bedeutung nicht nur eingebüßt haben, sondern geradezu kontraproduktiv sind, wirken sich äußerst negativ auf das Anliegen von Vielfalt und Gleichstellung aus.

Stereotypen, Vorurteile und anachronistische Verhaltensweisen schlummern in uns allen. Sie werden meist im Bereich der unbewussten Entscheidungsparameter aktiv oder prägen unmerklich die mehr oder weniger rational begründeten Entscheidungen, die unser Leben und unseren Alltag bestimmen.

Es ist bekannt, dass selbst rational begründete Entscheidungen meist unreflektiert „aus dem Bauch" kommen. Demzufolge werden wir von Wertvorstellungen und ethischen Grundsätzen gesteuert, die uns in der Familie, in Schule und Gesellschaft von frühester Jugend an eingepflanzt wurden. Sie sind vielfach überholt und machen das Leben nicht einfacher, sondern erschweren konsequente Neuerungen (Lippe-Heinrich, 2021, S. 289). Warum dies so ist, vermag die von Jo und Harry Ingham entwickelte Erklärung vermitteln, welche im folgenden Schaubild visualisiert wurde. Das sogen. „Johari"-Fenster zeigt, wie klein der Ausschnitt bewussten Handelns im Leben von Individuen ist. Wenn die Einflussfaktoren auf das Handeln als ein Fenster gesehen werden, so gibt es neben dem Bereich des freien Handelns noch drei weitere, mindestens ebenso bedeutende Komponenten, welche die Entscheidungsfindung bestimmen. Sie werden das Verborgene, das Unterbewusste und der blinde Fleck genannt (Luft, Ingham, 1955).

Es ist ein zentrales Ergebnis der wissenschaftlichen Begleitforschung des hier bereits zitierten Wirtschaftsmodellversuchs, dass das Feld bewusster Handlungen von den Akteuren sehr viel kleiner zu sein scheint als von den Handelnden i.d.R. angenommen wird (s. Abb. 4). Dieses Feld beinhaltet in erster Linie das nach Außen gezeigte Selbstbild, so wie wir bei anderen gesehen werden wollen. Das Verborgene enthält mir selbst bekannte, aber vor anderen verborgene Motivlagen und Eigenschaften (s. hierzu Wellhöfer, P. nach Luft (1971), 48). Wellhöfer interpretiert diesen Ansatz aus der Sicht der teilnehmerzentrierten Interaktion (ebd.)

Der sogen. „blinde Fleck" enthält alle die Motive, welche ich selbst bei mir nicht wahrnehmen kann, wohl aber die anderen. Schließlich beeinflusst dieser unterbewusste Entscheidungsfindungen und steuert das Verhalten, wobei die Motive dem Selbst nicht bekannt sind und unbewusst ablaufen. In diesem Bereich sitzen die stereotypen Verhaltensweisen, die anachronistischen, rational kaum nachzuvollziehenden sozialen Rollen und Kategorien der Beurteilung. Sie sind meist über Jahrhunderte kulturell und religiös geprägt und können nur sehr schwer verändert werden, da sie i.d.R. unbewusst wirken und somit nicht bewusst ablaufen (s. Lippe-Heinrich, 2019, S. 134–149; Lippe-Heinrich, 2021, S. 289–291).

In diesem Bereich sind nicht zuletzt die traditionellen Geschlechterrollen zu finden und auch die Bilder, die unser Handeln unbewusst beeinflussen und daher einen bedeutenden Einfluss auf die wichtigen Lebensentscheidungen haben, wie z.B. die Berufswahl und die Familienrollen. Diese Stereotypen sind der Entwicklung weiblicher Gleichstellung im Beruf abträglich und könnten sich zukünftig hinsichtlich retrograder Trends auswirken. Der durch den Strukturwandel induzierte Paradigmenwechsel könnte nämlich bewirken, dass sich bestehende Ungleichheiten noch vertiefen und die Schere immer weiter aufgeht.

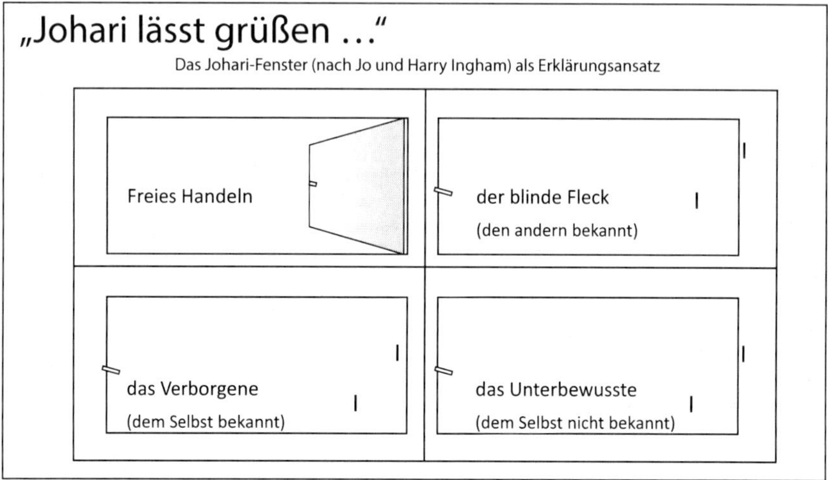

Abb. 4: Das Johari-Fenster als Erklärungsansatz (Quelle: Ingham, Jo/Ingham, Harry, zitiert in Lippe-Heinrich 2020)

Gerade in den kleinen und mittleren Unternehmen bedeutet der Fortbestand von Stereotypen im Zeichen der verstärkten Vernetzung und Internationalisierung von Kapital und Arbeit einen entscheidenden Nachteil, da sie dazu beitragen können, das betriebliche Arbeitsklima nicht unwesentlich zu beeinträchtigen. Von vollzogener Gleichstellung und Gleichheit vor dem Gesetz ist seit Jahren verstärkt die Rede, von Inklusion und der Wertschätzung von Vielfalt, als einem Beitrag zur Befähigung für die Bewältigung des demografischen Wandels kann dennoch bei genauem Hinsehen nicht die Rede sein.

Statt eine Gesellschaft der gleichen Chancen für alle als Infrastruktur bereitzustellen, wirken verborgene Stereotypen, meist unbewusst, im Hintergrund. Sie führen in Alltagssituationen vielfach zu Entscheidungen, die kaum objektiv nachvollziehbar sind.

Sei es bei einer Bewerbung um eine Wohnung, eine Arbeitsstelle, einen Ausbildungsplatz oder um einen Platz in einer guten Schule. In all diesen Situationen wird nicht abstrakt über Chancengleichheit entschieden, sondern über die weiteren Lebenswege, Bildungswege und berufliche Karrieren. Chancengleichheit ist somit die Voraussetzung für wirtschaftlichen Erfolg, gutes Einkommen und sozialen Aufstieg. Sie beinhaltet die Lebenschancen für die Personen wie auch deren Familien, Kinder, die Zukunft der Gesellschaft schlechthin.

Der Handlungsbedarf für gesellschaftliche wie kollektive Anstrengungen mit dem Ziel der Gleichheit für alle Menschen ist heute aktueller denn je. Es gibt die Ausdünnung der sogen. Mittelschicht, verbunden mit beträchtlichen Lohn- und Gehaltsunterschieden zwischen den Geschlechtern, stark unterschiedlichen Berufs- und Karrierechancen sowie eine trotz aller demokratischen Prinzipien immer stärker wachsende Polarisierung zwischen den Kindern von Arm und Reich – Mädchen wie Jungen. Für diese gilt keinesfalls die Chancengleichheit in Schule, Berufsbildung und Berufskarriere. Das Kind der Flüchtlinge hat nicht die gleichen Chancen wie das Kind des Mittelklasse-Managers aus gutbürgerlicher Familie. Es sind nicht nur die materiellen Bedingungen für Gleichstellung, die hier für eine umfassende Persönlichkeitsentwicklung fehlen. Es sind auch vielfach tiefsitzende Stereotypen aller Akteure in der sogen. „Mehrheitsgesellschaft", einschließlich der Betroffenen selbst, welche Kindern, Jugendlichen und Erwachsenen beiderlei Geschlechts von frühester Kindheit und Jugend an Barrieren auftürmen und die Entfaltung ihrer Potenziale behindern.

Als ein sehr relevantes Nadelöhr in diesem geschlechtsspezifischen Segmentationsprozess, der zur umfassenden Schlechterstellung von Frauen im Beruf führt, ist das Berufswahl-verhalten von jungen Frauen und Männern zu bezeichnen. Es fängt damit an, dass von über 450 dualen Ausbildungsberufen immer die gleichen 10 Berufe von Frauen und Männern jeweils am stärksten nachgefragt sind und sich von daher das Spektrum der Berufe und Tätigkeiten sehr stark einengt (s. Top 10 der beliebtesten Ausbildungsberufe in Deutschland, https://www.ausbildungsstellen.de/ratgeber/top-10-der-beliebtesten-ausbildungsberufe-in-deutschland.html [08.10.2022]). Diese geschlechtsspezifische Berufswahl ist auch dafür verantwortlich zu machen, dass unmittelbare Vergleichsmöglichkeiten hinsichtlich der Löhne und Gehälter vielfach nicht existieren. Die geschlechtsspezifische Durchmischung von Berufen und Tätigkeiten würde sehr dazu beitragen, das deutliche Gender Gap in Löhnen und Gehältern von ca. 25% zu verkleinern. Dies gilt auch hinsichtlich des Gender Pension Gaps (um 50%) (Lippe-Heinrich, 2019, S. 139 nach Wrohlich/Zucco, S. 141).

1.3 Neue Arbeitskonzepte und neue Führungskonzepte

Der gesellschaftliche Transformationsprozess, in dem sich die digitalisierte Gesellschaft heute befindet, lässt keinen Bereich mehr isoliert und unverändert bestehen, sondern führt zur Entwicklung der sogen. VUCA-Welt. Dieser Begriff ist ein Akronym (Kunstwort) und setzt sich aus den folgenden, internationalen Trends zusammen: Volatility, Uncertainty, Complexity, Ambiguity. Die zunehmende Komplexität macht Veränderlichkeit, Ungewissheit und Vieldeutigkeit zu Begleitfaktoren des Lebens von wachsender Bedeutung, da alle Ebenen unter- und miteinander vernetzt sind. In diesem Zusammenhang prägen immer weniger vorhersehbare Entwicklungen unsere Lebenswelten.

VUCA-Welt meint eine Welt, die von **Veränderlichkeit, Ungewissheit, Komplexität** und höchsten Flexibilitätsanforderungen für alle, die darin leben, geprägt wird und alle Ebenen des menschlichen Daseins erfasst. Hinzu kommt, dass in der VUCA-Welt alle Ebenen des Seins miteinander vernetzt sind und bislang bestehende Grenzen hinsichtlich Familie, Beruf und Gesellschaft mehr und mehr verwischen, neue Entwicklungen, Prozess- und Informationsflüsse an Bedeutung gewinnen, auch über nationale Grenzen hinweg.

Einmal erworbene Qualifikationen veralten rasch, da sich der Wandel im Bereich der Wissensbestände in großer Geschwindigkeit vollzieht und intelligente Datenbanken immer mehr an Bedeutung gewinnen. Dies führt auf allen Ebenen zu einem Paradigmenwandel, z.B. auf betrieblicher Ebene zu veränderten Arbeitsinhalten und neuen Kompetenzanforderungen auf allen hierarchischen Ebenen. Nicht zuletzt ist von einer VUCA-Welt auszugehen, deren Merkmal die rasche Veränderung ist.

Auf der Ebene der Führungskräfte wie der abhängig Beschäftigten wird durch den Paradigmenwandel ein völlig neuer Arbeits- und Führungsstil erforderlich. Das Lernen wird zu einem lebenslangen Prozess, der niemanden und nichts auslässt. Kommunikations- und Interaktionsprozesse erhalten zentrale Bedeutung auf allen Ebenen, da sie das zentrale Instrument der ersten Wahl sind, um aktiv auf Veränderungen zu reagieren und angepasste, wirksame Problemlösungen zu entwickeln.

Um Fortschritte hinsichtlich der Gleichstellung in allen Bereichen der Gesellschaft zu erreichen, hat die gezielte gendergerechte Darstellung von Geschlechterrollen in Wort, Sprache und Bild einen zentralen Stellenwert. Daraus ist nicht zuletzt ein Bedarf zur Überarbeitung vorhandener Texte, Bilder und Unterrichtsmaterialien sowie Ausbildungsrahmenpläne abzuleiten. Sehr zentral in diesem Zusammenhang ist die Verwendung eines geschlechtergerechten Sprachstils. Dies bedeutet den Einsatz einer gendersensiblen Sprache und eines Sprachstils, der das Ansprechen aller Personen bewirkt und nicht, wie früher üblich, nur männliche Personen anspricht (s. Beispiel: Mann-Monate (falsch), Personen-Monate (richtig), sehr gute Beispiele finden sich in GfdS, 2004).

Auch die Nutzung des generischen Maskulinums, wie derzeit noch üblich, bevorzugt eher die Ansprache von männlichen Lernenden und Leistungsträgern, sodass Frauen sich weniger angesprochen fühlen und „unsichtbar" bleiben. Grundsätzlich sind geschlechtsneutrale Personenansprachen und vor allem geschlechtsneutrale Berufsbezeichnungen wünschenswert, aber nicht immer realisierbar (Beispiele: Lehrende und Lernende).

Sofern eine neutrale Ansprache nicht möglich ist, genügt die Anrede: „Meine Damen und Herren", d.h. beide Geschlechter werden gleichzeitig angesprochen.

Wenig diskriminierend erscheint die Bildung von weiblichen und männlichen Berufsbezeichnungen, wie Arzt und Ärztin, Dachdecker und Dachdeckerin oder Handwerker und Handwerkerin, Sekretärin und Sekretär bzw. Assistentin und Assistent, usw.

In der Reflexion von Entwicklung, Verlauf und empirischen Befunden eines mehrjährigen Wirtschaftsmodellversuchs wird deutlich, dass die Aufklärung der Lernenden über geschlechterstereotype Verhaltensweisen und deren Auswirkungen auf Beruf und persönliche Entwicklungswege, aber auch die Einhaltung der selbstgesetzten Regeln und Anweisungen für genderkompetentes Verhalten nur von hierarchisch höheren Personen kommen können, also von der Vorgesetzten bzw. der verantwortlichen Ausbildungsperson. Sie üben nicht nur eine Vorbildfunktion aus, sondern halten auch eine strukturgebende Machtposition. Diese bestimmt nicht zuletzt das herrschende Lern- und Arbeitsklima, welches nicht zuletzt durch das Verhalten der Vorgesetzten bestimmt wird.

Mit Blick auf den paradigmatischen Wandel von Führungsstil und Rollen in der VUCA-Welt haben die Vorgesetzten hinsichtlich der Aufgaben ganzheitlicher Gestaltung, auf Chancengleichheit zielenden Lern- und Arbeitsprozesse nichts von ihrer Vorbildfunktion verloren. Im Gegenteil, je anspruchsvoller das Umfeld und die Rahmenbedingungen des Lernens und Arbeitens, umso komplexer die Aufgaben, desto mehr wird diese Person zum „Leuchtturm", die mit gutem Beispiel vorangehen sollte – auch hinsichtlich der gleichen Chancen.

Andererseits trägt die aktive Einbeziehung der Lernenden wesentlich zum Paradigmenwechsel in der Tätigkeit der Ausbildungsverantwortlichen bei und verändert diese Funktion tiefgreifend. Der Führungsstil der Personalverantwortlichen und Vorgesetzten unterliegt einem Paradigmenwechsel. Dieser bewegt sich weg von zentralistischer Führung, hin zu einem eher flachen Führungsstil, der sowohl personen- als auch leistungsorientiert ist. Führungskräfte vollziehen einen Funktionswandel vom „Besserwisser und Macher" zur beigeordneten Begleitperson, zum sogen. Coach. Sie fördern durch ihre Aktivitäten im Methodenmix die Lernenden in ihrer Selbständigkeit, indem sie ihnen die Lernwerkzeuge – wie z.B. Lernaufgaben, Spiele oder Projekte – zur selbständigen Nutzung bereitstellen und deren Gebrauch aufmerksam begleiten. Desgleichen gilt für die Gendererziehung. Einseitige Polarisierung und stereotype Einengung von individueller Kompetenzentwicklung durch frühzeitige Spezialisierungen auf entweder kaufmännische oder technische Gebiete wird unterlaufen.

In diesem Kontext gibt es keine „frauen-“ oder „männerspezifischen“ Eigenschaften oder Fähigkeiten mehr. Stattdessen gilt schon in der Ausbildung zur Vermeidung frühzeitiger geschlechtsstereotyper Einschränkungen „Alle machen alles“. Hierbei ist festzuhalten, dass sowohl Prüfungsbestimmungen, als auch die spätere Berufspraxis heute eine frühzeitige Spezialisierung sowieso nicht mehr zulassen, da ansonsten zentrale Aspekte des Erwerbs einer ganzheitlichen Handlungskompetenz unzureichend entwickelt werden.

Es ist daher im Interesse eines nachhaltigen Ausbildungs- und Prüfungserfolgs, dass vorzeitige Festlegungen z.B. auf kaufmännische oder technische Inhalte aufgebrochen werden und die Eigenanstrengungen der Lernenden hinsichtlich des Wissens- und Kompetenzerwerbs gefördert werden. Dabei erfüllt die Ausbildungsperson die zentrale Funktion eines Coach, wie Abb. 5 zeigt.

Paradigmenwechsel heißt auch Perspektiv- und Rollenwechsel

Die ausbildende Person bleibt in Personalverantwortung, dient als Vorbild, ihre Rolle verändert sich zum Coach und

- stellt die Dominanz von traditionellen, geschlechtsspezifischen Verhaltensstereotypen in Frage
- bricht Polarisierungen und geschlechterstereotype Aneignung von Tätigkeiten durch Einzelne in der Gruppe auf
- moderiert den Gruppenprozess in Kleingruppen und Plenum, gibt keine Lösungen vor
- fördert das Zusammenhangsdenken durch komplexe und ganzheitliche Lernarrangements (Projektarbeit, Lernaufgaben, Methoden- und Medienmix usw.)
- vermittelt und übt selbst Techniken des Selbstmanagements und der Reflexion, kennt und nutzt aktivierende Lernmethoden und Lernmittel, wendet die Methoden des Projektmanagements konsequent an usw.
- berät und fördert (coacht) gruppen- wie personenbezogen mit dem pädagogischen Ziel der Förderung von sogen. Soft Skills zur Entwicklung einer ganzheitlichen Handlungskompetenz

Merke:

Auszubildende werden stärker aktiv und als Handelnde in die Lernprozesse einbezogen. Damit werden sie selbst zu Akteuren der Ausbildung und der Lernprozesse. Oberstes Ziel: ganzheitliche Handlungskompetenz!

Abb. 5: Paradigmenwechsel heißt auch Perspektiv- und Rollenwechsel (Quelle: eigene Darstellung)

Im Zuge veränderter Arbeitsanforderungen und vernetzter Produktions- und Dienstleistungs-prozesse haben sich paradigmatische Veränderungen an Lern- und Ausbildungsprozesse eingestellt, die dazu führen, dass insbes. hinsichtlich methodischer Kompetenzen sehr hohe Anforderungen an Ausbildungs- und Lernprozesse gestellt werden. Diese neu entstandene Vielfalt an Anforderungen hinsichtlich der Gestaltung von ganzheitlichen Bildungsarrangements lässt den Schluss zu, dass hier ein riesiger Bedarf an Fortbildung für den Bereich der Lehrenden, aber auch von Fach- und Führungskräften entstanden ist, insbes. im Bereich methodischer Kompetenz, aber auch der Kommunikations- und Interaktions-kompetenzen, die es benötigt, um die neuartigen Bildungs- und Arbeitsprozesse erfolgreich zu gestalten bzw. begleiten.

1.4 Diversity Management und Inklusion

Heute sind die wesentlichen Instrumente, die mit der Förderung von gesellschaftlichen Minderheiten verbunden werden, die Ansätze **„Diversity Management" und Inklusion**.

In den großen Unternehmen herrscht im Zeichen demografisch bedingter Verknappung von Nachwuchskräften bereits heute im Bereich der Personalführung und -entwicklung das Grundprinzip des Diversity Managements, immer auf der Suche nach umfassend kompetenten Kräften, die in die vielfältigen Anforderungen betrieblicher Unternehmenspraxis hineinwachsen und agil auf Veränderungsprozesse reagieren.

Diversity Management als ein neues Konzept der Personalführung hat sich gegenüber dem Grundsatz der Frauenförderung seit Anfang des 2. Jahrtausends erfolgreich durchgesetzt. Fraueninteressen werden in den großen, mitbestimmten Unternehmen explizit als Interessen von Frauen gefördert. Bei den meisten anderen Unternehmen, insbes. im klein- und mittelbetrieblichen Bereich, läuft die Frauenförderung nicht zielgerichtet – exemplarische Ausnahmen ausgenommen. Daher hat die Kommission der Europäischen Gemeinschaften bereits seit den 60er Jahren eine dezidierte Frauenförderpolitik propagiert, welche in Frankreich und Belgien schon in den 70er und 80er Jahren zu zahlreichen Gleichstellungsinitiativen führte. In Deutschland führte dies 2015 zur Quotierung und zur Einführung einer „Politik des leeren Stuhls" als gesetzgeberische Maßnahme für die Erhöhung des Anteils von Frauen in Aufsichtsräten mitbestimmter Unternehmen.

Hinzu gibt es weitere Gründe, wie die Verknappung des Fachkräftenachwuchses durch die **demografische Entwicklung** zu einer alternden Gesellschaft, dass sich die Unternehmen hinsichtlich ihrer Rekrutierungspolitik neu ausrichten müssen – und dies ist zweifellos eine Chance für die bislang eher unterbewerteten Personenkreise, ganz besonders die Frauen.

In der Literatur wird Diversity Management als Ansatz für einen umfassenden Transitionsprozess beschrieben, der sich in vier Phasen verwirklichen lässt. Diese werden in einem längeren Prozess des kontinuierlichen Wandels durchlaufen, wobei in der Regel die einzelnen Phasen konsekutiv, d.h. nacheinander verwirklicht werden. Dieser Wandel verläuft in der Regel als Antwort auf gesellschaftliche Entwicklungen, die sich parallel im Strukturwandel vollziehen, wie z.B. der demografische Wandel.

Zu Beginn, also in **Phase 1**, geht es um Kompensation von bestehenden Engpässen in der Personalbeschaffung, kurz: um den Erhalt des Status Quo. Hier wird Diversity Management als Ansatz verstanden, bestehende Personalengpässe auszugleichen.

In **Phase 2** wird Chancengleichheit propagiert und man hat bereits verstanden, dass es unklug wäre, in einem einzigen Unternehmen die Belegschaft zu spalten und dadurch ein schlechtes Betriebsklima zu schaffen. Es wird daher von Fairness und Anti-Diskriminierung gesprochen, um auftretende Konflikte im Vorfeld auszuschalten.

In **Phase 3** werden zusehends neue Perspektiven des Marktzutritts über eine vielfältige Belegschaft fokussiert, nicht zuletzt werden hier auch ausländische Fach- und Führungskräfte gerne eingestellt. Diese Differenzierungsstrategie soll den Zugang zu neuen Märkten und Ländern erleichtern.

In **Phase 4** hat man erkannt, dass Diversity Management keine isolierte Einzelstrategie ist, um den einen oder anderen Schwachpunkt im Personalmanagement zu beheben und das Betriebsklima zu verbessern. An diesem Entwicklungsstand angekommen wird Vielfalt gezielt geschaffen und Innovationspotenziale zum Nutzen des gesamten Unternehmens genutzt und weiterentwickelt. Hier geht es sowohl um das angestrebte gute Betriebsklima, als auch um Entwicklung und Marketing komplexer Dienstleistungen und Produkte durch Maßnahmen des Brandings, der Markenpflege.

Gleichstellung verlangt nach Vielfalt in der Förderung und dies im Zeichen der digitalisierten Gesellschaft mit einer unausweichlichen Entgrenzung und Aufhebung bislang getrennter Welten, wie auch von Lern- und Arbeitskulturen.

Gleichstellung verlangt darüber hinaus verstärkte Förderung von Kindern in der inklusiven Gesellschaft. Dies eröffnet letztlich die Perspektive und die Motivation, die geschaffenen hohen Standards in den Kernländern der Europäischen Gemeinschaft zu erhalten und weiterzuentwickeln.

Zielgruppen der Gleichstellung sind alle jene Personen, die bislang als Zielgruppen arbeitsmarktpolitischer Maßnahmen fungieren, wie Frauen, Ältere, Behinderte, Migrantinnen und Migranten, ethnische und religiöse Minderheiten sowie Personen mit personenbezogenen Merkmalen, die von der Mehrheitsgesellschaft abweichen, inkl. LGTBQ. Für sie alle galt bislang das Stigma der erschwerten Vermittlungsfähigkeit. Oft genug werden diese Menschen das Ziel von Mobbing und Diskriminierung.

Das Ziel gesellschaftlicher Integration, welches darauf basiert, dass sich diese Gruppen der Mehrheit anpassen, hat sich jedoch zwischenzeitlich qualitativ verändert. Förderstrategien haben vor allem dem Anliegen der Wertschätzung von Vielfalt Rechnung zu tragen, denn Gleichstellung beinhaltet auch und in vorderster Linie die Akzeptanz und Wertschätzung anderer Menschen, des anderen und anderer Kulturen. Neben Männern und Frauen als Querschnittsgruppe ist u.a. die Zielgruppe der Behinderten angesprochen.

Inklusion und individuelle Förderarrangements

Unter Inklusion versteht man die Förderung von Menschen, die länger als sechs Monate unter Symptomen körperlicher, geistiger oder mentaler Abweichungen vom Normalzustand leiden, damit also chronisch erkrankt sind. Weitaus die Mehrheit behinderter Menschen ist nicht behindert geboren, sondern hat die Behinderung im Laufe eines Lebens erworben, oft genug aufgrund arbeitsbedingter Belastungen oder anderer Erschwernisse des täglichen Lebens.

Das Anliegen der Inklusion löst die früher geltende Maxime der Integration ab und ist als ein integraler Bestandteil von Diversity Management der Förderung von Vielfalt zu sehen. Auf gesetzlicher Ebene und hinsichtlich förderungstechnischer Modalitäten ist der Begriff jedoch separat zu betrachten.

Damit ist Inklusion das Gegenteil von Gleichmacherei. Inklusion heißt, dass sich die gesamte Gesellschaft verändern muss und eine große Vielfalt als Reichtum empfindet, nicht, dass das einzelne Individuum sich den althergebrachten Gegebenheiten anpassen muss bzw. anzupassen wäre.

Inklusion ist als Fortentwicklung des Begriffs der Integration zu sehen, die ja lediglich vom Durchschnitt abweichende Individuen an die Normen der Mehrheitsgesellschaft anpassen will.

Inklusion, als ein umfassender Ansatz betrachtet, beinhaltet, dass die gesamte Gesellschaft sich neue Normen und Werte gibt, welche sich nicht am „Anderssein Einzelner“ festmachen, sondern an den Vorteilen und Chancen, Innovationen und Anstößen zur Weiterentwicklung des Ganzen, die sich aus dem gemeinsamen, gleichberechtigten Miteinander aller Beteiligten mit allen Unterschieden in jedweder Form ergeben. Indem die vorhandenen Unterschiede als Bereicherung empfunden und betrachtet werden, bedeutet dies einen kompletten Wechsel der Perspektive und der Werte. Das Zauberwort Inklusion bedeutet die Anerkennung von Vielfalt und Wertschätzung aller, ungeachtet von personenbezogenen Merkmalen. Charakteristisch hierfür ist die Veränderung des Ganzen, indem eine neue Qualität des gesellschaftlichen Klimas entsteht. Auf betrieblicher Ebene, ganz besonders in den Großbetrieben hat man bereits seit Langem erkannt, dass in diesem Ansatz der Schlüssel für Innovationsfähigkeit und die Entwicklung neuer Märkte und Dienstleistungen liegt.

Hinzu gibt es weitere Gründe, wie z.B. die Verknappung des Fachkräftenachwuchses durch die **demografische Entwicklung** und die Entwicklung zur alternden Gesellschaft. Dies hat zur Folge, dass sich die Unternehmen hinsichtlich ihrer Rekrutierungspolitik, aber auch neuer Produkte und Dienstleistungen neu ausrichten müssen – und dies ist zweifellos eine Chance für die bislang eher unterbewerteten Personenkreise, ganz besonders die Frauen.

Individuelle Förderarrangements und inklusive Förderketten zur Förderung von Entwicklungspotenzialen von Menschen, die aus unterschiedlichen Gründen zunächst „nicht mithalten“ können, verlangen jedoch nach zusätzlichen Finanzen für infrastrukturelle Gegebenheiten und gut ausgestattete Lernräume, gut ausgebildeten Pädagogen, Sozialarbeitenden und Personalverantwortlichen sowie und dies nicht zuletzt nach Lern- und Arbeitsformen in kleinen Gruppen unter Einbeziehung zeitgemäßer Lern- und Arbeitsmittel.

Fazit:
Gleichstellung im Kontext von Diversity Management und Inklusion ist damit mehr als ein betriebliches Anliegen. Gleichstellungsbestrebungen haben vor allem den gesellschaftlichen Kontext der Menschen zu berücksichtigen, aber nicht nur für die Frauen, die als Querschnittsgruppe zu betrachten sind und damit mehrfachen Hürden in der Gleichstellung begegnen können. Sie betreffen viele Zielgruppen und daher sind viele Wege aus der Benachteiligung dieser Menschen wahrzunehmen.

Punktgenaue Gegenstrategien sind zu entwickeln und gangbar zu machen, indem neue Wege für spezifische Zielgruppen akzeptiert werden, die bislang nicht als gleichberechtigt gelten können. Bislang benachteiligte Bevölkerungsgruppen sind zudem alle gesellschaftlichen Minderheiten, die aufgrund sozialer oder personaler Merkmale bislang unter Akzeptanzproblemen zu leiden hatten. Das Anliegen der Gleichstellung, wie der Inklusion, zielen nicht auf eine Sonderbehandlung minderprivilegierter Gruppen, sondern erfordern eine qualitative Veränderung gesellschaftlicher Realitäten. Die Akzeptanz und Wertschätzung von Vielfalt kann inzwischen als zentrale Überlebensstrategie für hochentwickelte, überalterte Gesellschaften demokratischer Staatsform und Prägung genannt werden.

Der Begriff Gleichheit legt die Vorstellung nahe, dass wir diese erreichen, wenn wir Gleichstellung praktizieren und damit alle gleich behandeln.

Je länger man darüber nachdenkt, umso klarer wird die Erkenntnis, dass Gleichstellung nichts mit Gleichbehandlung aller zu tun hat. Ein derartiges Anliegen würde zur Gleichmacherei der Einzelnen führen. Viel wichtiger ist die Erkenntnis, dass die Menschen auf dieser Erde so verschieden sind, wie es nur immer geht und jede/r Mensch ein Unikat, ein eigenes Kind der Schöpfung, gewachsen auf sozialen und biologischen Prägungen, wie den von der Natur mitgegebenen Potenzialen. Insofern geht es darum, jede einzelne Person zu fördern in der Entwicklung von Potentialen und Chancen.

Gleichwertigkeit, Respekt und Wertschätzung verlangen viel mehr als Gleichbehandlung, sie verlangt die Akzeptanz der Unterschiedlichkeit vor der

Maxime der Wertschätzung jedes einzelnen Menschen und der Achtung seiner persönlichen Würde, so „anders" und wie auch immer dieser eine Mensch sein mag. Die Voraussetzung der individuellen Eigenheiten als Teil des Ganzen und das Anknüpfen an den Möglichkeiten jedes Einzelnen.

Da gibt es weder soziale Schlechterstellung aufgrund von Geschlecht, Herkunft oder Armut, Behinderung, noch andere personenbezogene Defizite, die von der „Mehrheit" abweichen. Es gibt auch keine sozialen Ausschlusskriterien, wie Armut, sexuelle Orientierung oder Religiosität. Die Menschen unterscheiden sich danach mehr und mehr nur noch nach spezifischen Eigenheiten, die mit individuellen Gegebenheiten und Potenzialen gepaart sind.

Doch gibt es zahlreiche Unterschiede in der Diversität, die einzelne Individuen von Geburt, Herkunft und den Entfaltungsmöglichkeiten umfassend einschränken oder fördern. Es wäre daher falsch zu sagen, alle Menschen sind gleich und alle Menschen sind gleich zu behandeln. Es ist noch nicht einmal möglich, homogene Gruppen zu bilden, da die meisten Menschen dem Stereotyp angedachter Gruppenbildungen nicht entsprechen. Wir müssen somit individuell angepasste Arrangements in den einzelnen Bereichen von Förderung zur Schaffung gleicher Chancen in Bildung, Forschung und Arbeitswelt entwickeln und dies verlangt nach handverlesenen Arrangements in allen Bereichen vor dem Hintergrund spezifischer Lern- und Arbeitsumgebungen. Der rote Faden der Gleichheit und die Maxime der Gleichstellung können keinesfalls Gleichmacherei im Sinne einer undifferenzierten Gleichbehandlung bedeuten, denn dieses führte zur konstanten Perpetuierung von Ungleichheit.

Im Zeichen wachsender sozialer und gesellschaftlicher Komplexität verlangt Gleichstellung keinesfalls nach Gleichmacherei und Anpassung an konventionelle Stereotypen. Chancengleichheit verlangt vielmehr nach der individuellen Förderung jedes einzelnen Menschen in einer veränderlichen Gesellschaft im Wandel.

Umfassende Chancen, welche durch digitale Vernetzung von Kommunikations- und Interaktionsprozessen in den Betrieben entstanden, könnten mehr und mehr auch für gesellschaftliche Transformation fruchtbar gemacht und zur Entwicklung von Förderarrangements für die zielgerichtete Aus- und Weiterentwicklung, wie auch die kontinuierliche Beschäftigung von neuen Zielgruppen, ganz besonders den Personen mit Familienpflichten, eingesetzt werden. Fakt ist jedoch auch, dass das Paradoxon der Ungleichbehandlung trotz rechtlicher Gleichstellung immer mehr zunimmt und die demokratische Gesellschaftsordnung immer mehr in Frage stellt.

Chancengleichheit als grundsätzliche Haltung beinhaltet eine ganze Kette von Ansätzen und Förderstrategien für minderprivilegierte Gruppen und Menschen in der Gesellschaft. Von zentraler Bedeutung wäre die Förderung von Kindern und Jugendlichen in Kindergarten, Schule und Ausbildung durch wirksame Sozialisationsketten, angefangen von der Unterstützung von einkommensarmen, arbeitslosen oder schlecht bezahlten Eltern durch qualitativ hochstehende Kleinkindbetreuung und -förderung in den Kinderbetreuungseinrichtungen bis hin zur Investition in schulische Inklusion und Förderinstrumente im Bereich der beruflichen Aus- und Weiterbildung, inkl. universitärer Bildungsgänge und Abschlüsse. So proklamierte noch Willy Brandt das Ziel der Gleichstellung in den 70er Jahren als ein Leitmotiv der Förderung von Ausbildung in Schule, Beruf, Universitäten und Forschung. Aktuell erscheint es wenig zielführend, dass sich die Inanspruchnahme von BAFÖG aufgrund immer restriktiver gewordener Förderbedingungen heute nur noch auf 14% der Studierenden erstreckt im Vergleich zu 40% der Studierenden bei seiner Einführung.

Die Gesamtheit der hier skizzierten fehlenden Förderchancen für Kinder, Jugendliche und Erwachsene sind angesichts eines lähmenden Gleichstellungs- und Innovationsrückstandes in der heutigen Gesellschaft Deutschlands als hervorzuhebende Paradoxon zu betonen. Sie erstrecken sich nicht nur auf einzelne Personen oder Personengruppen, sondern sie betreffen allgemeine Strukturdefizite in Bildungs- und Arbeitsmarktpolitik, welche als Entwicklungsbedarfe für unsere reiche und doch so arme Gesellschaft in der Bundesrepublik gelten können.

Gleichberechtigung im Sinne der umfassenden Beteiligung aller im Verbund mit sozialer, wirtschaftlicher und gesellschaftlicher Chancengleichheit aller Bevölkerungsgruppen – insbes. der Frauen als umfassend benachteiligter Querschnittsgruppe – ist unverzichtbar, wenn Deutschland im Staatenbund Europa seine Zukunft sichern will.

Die Kommission der Europäischen Gemeinschaften versucht demokratiebildende Prozesse in allen Bereichen des Wissenserwerbs und der Bildung einschl. Aus- und Weiterbildung zu fördern. Europa sollte mit Blick auf das Ziel einer wissensbasierten Gesellschaft zu einem hochentwickelten Bildungsraum entwickelt werden. Die Förderung und Entwicklung bislang benachteiligter Personengruppen für die Bewältigung neuer Lern- wie Arbeitsprozesse wurde im Zusammenhang mit virtueller Vernetzung und schnell wechselnden Arbeitsanforderungen als ein lebenslanges Phänomen erkannt.

Die Kommission stellt daher mit ERASMUS + für das Jahr 2021 nicht weniger als 27 Milliarden Euro zur Verfügung. Nicht genug damit. Die europäische Kommission stellt in den Förderschwerpunkten die Anliegen der Gleichstellung und Inklusion in den Fokus von Förderentscheidungen. Es scheint daher an der Zeit, die Zielstellungen von formaler wie struktureller Gleichstellung von bislang benachteiligten Bevölkerungsgruppen als parallele Maxime in den Standards und dem Bewusstsein der Mehrheitsgesellschaft offensiver als in den letzten 20 Jahren zu verankern.

Das Anliegen der Gleichstellung wie der Wertschätzung von Vielfalt und der Inklusion zielen nicht auf eine Sonderbehandlung minderprivilegierter Gruppen, sondern erfordern eine qualitative Veränderung gesellschaftlicher Realitäten.

1.5 Paradigmenwechsel in digitalisierten Lebens- und Arbeitswelten

Der im Zeichen der Entwicklung zur Informationsgesellschaft erforderliche Strukturwandel, dem sich alte und demokratische Länder im demografischen Wandel heute mehr und mehr gegenübersehen, vollzieht sich auf allen Ebenen des Seins und verlangt zwingend nach neuen Paradigmen für die Entwicklung der neu entstehenden digitalisierten Arbeits- und Lebenswelten.

Strukturell bestehende, anhaltende und nachweisbare formale und strukturelle Ungleichheit von Kindern und Auszubildenden insbes. in sozialer Hinsicht verlangt nach individueller Förderung der Zielgruppen von Gleichheitspolitik, nach konstantem Bemühen zur Verteilung von Lebenschancen und damit zur Verwirklichung von Gleichheit. Die Gleichwertigkeit von Frauen und Männern nimmt in diesen Fragen einen zentralen Stellenwert ein, denn sie ist ein Gradmesser für die Entwicklung der Gesellschaft. Gleichstellung verlangt zuerst nach einem neuen Modell der Lebensarbeitszeit und der Karriereverläufe von Männern und Frauen, welches Abschied genommen hat von der frauen- und männertypischen Berufsrolle und von traditionellen Elternrollen.

Das traditionellen Dreiphasen-Modell von Alva-Myrdal und Viola Klein, welches heute noch in den Köpfen spukt, ist durch das auf kontinuierliche Berufstätigkeit für beide Geschlechter ausgelegte, gendergerechte Laufbahn- und Karrierekonzept für beide Geschlechter als neuem Lebens- und Arbeitskonzept zu ersetzen. Die erwünschte Vereinbarkeit von Familie und Beruf, Privatleben und beruflichen Anforderungen ist ein über alle Geschlechter und Zielgruppen hinweg festzustellender Bedarf und ein Ziel, welches mehr und mehr Eingang findet in alle Erwerbszweige. Es ist die unverzichtbare Bedingung für weitreichende Veränderungen hinsichtlich Gleichstellung in Familien, Arbeitswelt und Gesellschaft.

Das umseitig folgende Schaubild 6 verdeutlicht, wie das neue Lebens- und Arbeitsmodell die Aufrechterhaltung einer kontinuierlichen Erwerbsarbeit für beide Geschlechter bis zum Rentenalter ermöglicht und damit für Männer und Frauen neue Wege eröffnet, ein lebenslanges Einkommen zu erwirtschaften. Nach diesem Dreiphasenkonzept leisten die Männer weniger Berufsarbeit und die Frauen mehr, wobei beide kontinuierlich einem Erwerb nachgehen, sodass die Kompetenz nicht entwertet wird. Für die Männer hat es den Vorteil, dass sie weniger vorzeitig erwerbsunfähig werden und nicht vor Erreichen des regulären Rentenalters viel zu früh aus gesundheitlichen Gründen ausfallen.

Nicht umsonst wird die Übernahme einer „aktiven Vaterschaft" als der Trend des 21. Jahrhunderts bezeichnet und vom Gesetzgeber stark begünstigt. Veränderte Vater- und Mutterbilder haben für beide Geschlechter zahlreiche Vorteile.

Für die Frauen hat es den Vorteil, dass das Gender Pay Gap und das Pension Gap tendenziell kleiner ausfallen, weil sie viele Jahre ihrem Beruf nachgehen können, ebenso wie die Männer. Karriere- und Berufswegentwicklung profitieren davon. Durch die damit einhergehende Vermeidung einer frühen Erwerbsunfähigkeit bei Männern entstehen auch für sie Lebenschancen neu. Dies zeigt sich auch in dem neuen Elternzeit-Gesetz, welches das Ziel verfolgt, junge Väter so früh wie möglich aktiv an der Kindererziehung zu beteiligen.

Dieses Beispiel zeigt, dass das Anliegen der Gleichstellung in allen Bereichen und Ebenen der Gesellschaft von Belang ist und diese miteinander kommunizieren – ohne Gleichstellung im Privaten keine Gleichstellung im Beruf und keine Repräsentanz von Frauen in Spitzenfunktionen von Wirtschaft und Politik. Dies bedeutet, dass stereotyp geprägte Berufs- und Familienrollen nicht mehr praktikabel und nicht mehr vorteilhaft sind, da beide Geschlechter mehr verlieren als gewinnen!

Dies bedeutet nicht zuletzt, dass für die Frauen wie die Männer die Beibehaltung tradierter Rollen in einem nachteiligen Dreiphasenkonzept von Familie und Beruf abgelöst wird durch ein lebenslanges Laufbahnkonzept für beide Geschlechter, welches auf der Chance kontinuierlicher Berufsausübung basiert. Indem es in den Phasen der Familiengründung die Aufrechterhaltung der bisherigen Erwerbsarbeit erlaubt, basiert es auf der Vereinbarkeit von Familie und Beruf.

Die unterschiedliche Kontinuität von Lebensläufen, welche sich daraus ergeben, zeigt das umseitige Schaubild 6. Hier wird deutlich, dass es die ununterbrochene Erwerbsarbeit ist, welche in ihrer Kontinuität die Männer begünstigt und analog dazu der aufgrund von Elternschaft unterbrochene Erwerbsverlauf der Frauen, der diese in der Karriere bremst.

Nur die kontinuierliche Erwerbsarbeit beider Geschlechter ist die Grundlage für Gleichstellung im Beruf. Wege zur Vereinbarkeit von Beruf und Familie, wie sie heute zahlreiche Unternehmen für ihre Beschäftigten bieten, sind daher unverzichtbar (s. Lippe-Heinrich, 2019).

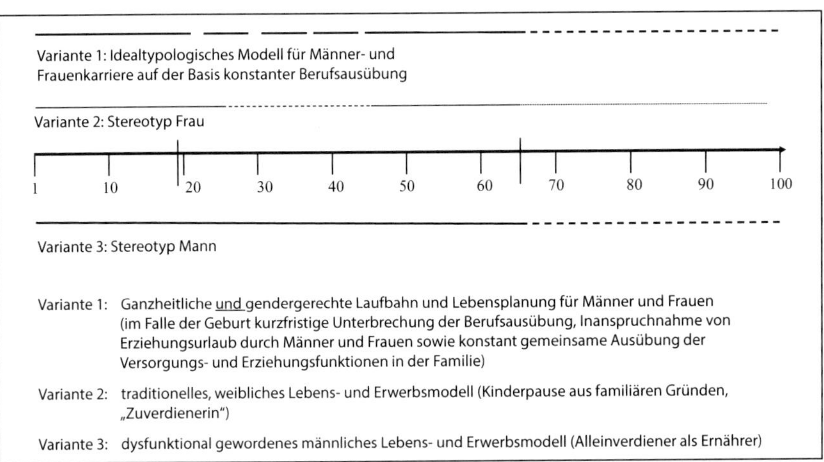

Abb. 6: Das gendergerechte Laufbahn- und Karrierekonzept für Frauen und Männer löst ein dysfunktional gewordenes „Ernährer- und Dreiphasenmodell" ab (Quelle: Lippe-Heinrich 2019)

Diversity Management, als ein neues Konzept der Personalführung, hat sich gegenüber dem Grundsatz der Frauenförderung seit Anfang des Jahrtausends erfolgreich durchgesetzt (s. 1.4), auch wenn die proportional an der Beteiligung an der Erwerbsbevölkerung angemessene Repräsentanz von Frauen in Führungspositionen immer noch nicht erreicht werden konnte. Doch auch hier gilt es festzuhalten: Das Glas ist halb voll, denn das Umdenken ist bereits in vollem Gange, insbes. bei jüngeren Jahrgängen der Generation Z. Die sogen. „Politik des leeren Stuhls" hat hierzu sicher einen Beitrag zu leisten vermocht.

Nicht zuletzt im Rekrutierungsverhalten bei der Stellenbesetzung oder bei der Personalauswahl für Fach- und Führungspositionen, wie für die betriebliche Aus- und Weiterbildung, lassen sich derartige neue betriebliche Karriere- und Laufbahnkonzepte für Personalauswahl und Förderung heute bereits feststellen. Sie entscheiden erfahrungsgemäß, neben der vorhandenen Kompetenz und den Bildungsabschlüssen, über den Ausgang des Bewerbungsverfahrens. Doch führen diese immer noch vielfach zur vorzeitigen Aussortierung von Bewerbungen, wenn das Geschlecht der Person, die sich bewirbt, oder aber weitere soziale Merkmale, wie Alter, Behinderung, Herkunft und Nationalität, Hautfarbe, sexuelle Orientierung von den traditionellen Erwartungen abweichen. Weitgehend unreflektiert bleibt die Tatsache, dass der Fortbestand von stereotypen Erwartungen zu zahlreichen Formen der Diskriminierung führt, die zum Beispiel behinderte Menschen mit einem Stigma verminderter Leistungsfähigkeit versehen und ausblenden, dass gerade behinderte Menschen häufig überragende

Leistungen vollbringen. So hat z.B. Beethoven viele seiner berühmtesten Werke als Gehörloser komponiert.

Vor allem Frauen werden grundsätzlich unterschätzt. Wie anders ist es zu erklären, dass heute noch trotz des Gleichstellungsgesetzes und einer Quotenregelung die Repräsentanz von Frauen in Vorständen und Aufsichtsräten mitbestimmter Aktiengesellschaften sehr viel geringer ausfällt als die der männlichen Führungskräfte (Abb. 7).

So sollte z.B. in Anlehnung an das amerikanische Gleichstellungsvorbild der „Mixed Diversity"-Ansätze bei der Führung von Bewerbungsdateien dazu führen, dass bei der Neueinstellung von Personal bzw. bei der Auswahl für interne Stellenbesetzungen auf die vorangestellte Angabe personenbezogener Angaben (Name, Alter, Geschlecht, Kinder) verzichtet wird. Erst in nachfolgenden Schritten des Bewerbungsprozesses werden personale Faktoren einbezogen, sodass auch Personen eine Chance erhalten, deren personenbezogene Merkmale und Äußerlichkeiten zunächst nicht dem gewünschten Profil entsprachen.

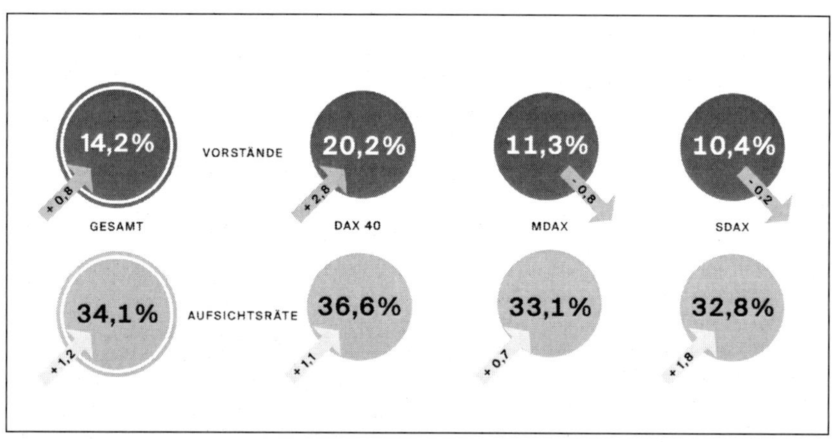

Abb. 7: Frauenanteile in den Führungsgremien der 160 deutschen in DAX, MDAX und SDAX notierten Börsenunternehmen am 1.9.2022; Pfeile: Entwicklung seit 1.9.2021 in Prozentpunkten (Quelle: AllBright Stiftung, September 2022)

Ungeachtet von Geschlecht, Herkunft und anderen personenbezogenen Faktoren herrscht im Jahr 2021 eine enorme Konkurrenz unter den Arbeitnehmenden. Immer mehr werden für mittlere und gehobene Positionen gezielt die bisherigen Zielgruppen der Arbeitsmarktpolitik angeheuert, weil sie entwicklungsfähig sind, und weiterentwickelt im Sinne der Arbeitgeber werden können. Hinzu kommt die Erwartung, dass sie zukünftig eher dem Unternehmen die

Treue halten als Personen, die von vornherein als Highpotentials gelten und daher sehr viel schneller zu einem Betriebswechsel bereit sind, wenn sich bessere Chancen bieten.

Dies erklärt auch, weshalb weibliche Führungskräfte und Führungsnachwuchs ausländischer Herkunft auf dem Vormarsch in den Unternehmensspitzen sind. Dies sind Schritte in Richtung Gleichstellung und sozialer Gerechtigkeit, welche aufzeigen, dass die Gesellschaften und Unternehmen nicht nur altern, sondern sich gezielt Transformationsprozessen stellen und diese zu bewältigen versuchen, indem neue Wertmaßstäbe generiert und praktiziert werden. Damit rückt die Entwicklung entwicklungsfähiger Alternativen und Strategien zum Status Quo in den Blick bei der Verwirklichung von Gleichstellung, Chancengleichheit und Wertschätzung von Vielfalt in den Fokus. Viel wichtiger als spektakuläre Einzelevents in Form von „Girls Days“ oder „Boys Days“ wäre die allgemeine Einhaltung der grundsätzlichen Säulen von betrieblicher Gleichstellung, die als traditionelle Forderungen der DGB-Gewerkschaften aufführt. Die wichtigsten Parameter für Gleichbehandlung von Männern und Frauen, aber auch anderer Beschäftigter in der Arbeitswelt sind Einstellung, Bezahlung, Aufstieg und Weiterbildung.

Für alle Beschäftigten in den Unternehmen jeglicher Größe sollten daher die Minimalanforderungen betrieblicher Gleichstellung gelten, wie sie die DGB-Gewerkschaften verstärkt seit den 90er Jahren im Zeichen schrumpfender Mitgliederzahlen einfordern.

Doch es ist festzuhalten. Nicht einmal die folgenden klassischen Minimal-Forderungen aus den 90er Jahren sind bis heute auch nur im Ansatz verwirklicht. Kleine Fortschritte der letzten Jahre hinsichtlich wachsender Frauenanteile in den Vorständen und Führungsetagen sind i.d.R. den gewerkschaftlichen Sozialpartnern zu verdanken und können nicht darüber hinwegtäuschen, dass die Welt des Topmanagements immer noch eine Welt der Männer ist. Die klassischen Säulen der Gleichstellung im Arbeitsleben mit Forderungen, die von den DGB-Gewerkschaften seit den 50er Jahren erhoben werden, zeigt das folgende Schaubild 8. Diese guten Ansatzpunkte sind um gezielte Aktivitäten und Ansätze in der regulären Berufsorientierung, Berufsberatung und schulischen Arbeitslehre zu erweitern, da hier früh die Weichen gestellt werden für Berufseinmündung, Verdienste und Laufbahnentwicklung.

„Gleich und gleichwertig" – klassische Forderungen der Gewerkschaften

- „Gleicher Lohn für gleiche und gleichwertige Arbeit"
- Gleicher Zugang zu Ausbildung und Beschäftigung
- Gleiche Chancen auf Anpassungsfortbildung
  auf Aufstiegsfortbildung
  für Karriere und beruflichen Aufstieg
  laufbahnorientierte Entwicklung

Abb. 8: „Gleich und gleichwertig" – klassische Forderungen der Gewerkschaften (Quelle: Lippe-Heinrich 2019)

2 Lernmaterialien: Chancengleichheit in Lehr-/Lern-Arrangements

Dieses theoretisch-analytische Kapitel bildet die Ausgangsbasis für die Entwicklung der in nachfolgenden Kapiteln bereitgestellten Unterrichtsmaterialien. Es will erklären, warum es unverzichtbar und absolut nötig ist, in den Bildungs- und Ausbildungseinrichtungen neue Lehr-, Lern- und Arbeitsformen einzuführen und damit den erforderlichen Paradigmenwechsel in Arbeits- und Lebenswelten verständlich und praktikabel zu machen.

Statt althergebrachter Praktiken wie Vormachen, Nachmachen, Üben werden in der digitalisierten Gesellschaft analog zu dem Paradigmenwechsel in der VUCA-Welt neue Methoden, neue Lernziele und neue Formen von Lernen und Arbeiten erforderlich, welche den Einzelnen befähigen ganz neue Anforderungen zu bewältigen.

Wie die Stärkung von Kompetenzen der Kommunikation und Interaktion als Teil der enorm gestiegenen Anforderungen im Bereich der sogen. „Soft-Skills" in unterschiedlichen Gruppensituationen erfolgen kann, soll durch diese Sammlung von Spielen für Klein- und Großgruppen, Übungen, Entscheidungsaufgaben und Strategie-Fällen exemplarisch aufgezeigt werden.

Storytelling, Rollenspielen und Übungen sowie genderintegrierte Projekte stärken damit die Gesamtpersönlichkeit der Spielenden und ihre Fähigkeit sich in komplexen Aufgaben zurechtzufinden.

Damit ist diese Spielesammlung in erster Linie aus der Perspektive der Lernenden konzipiert. Sie ist darüber hinaus als Anschauungsmaterial aus der Praxis für Pädagogen, Ausbildende und Dozierende konzipiert und bietet Anregungen für neue Formen des Unterrichts und seiner Gestaltung. Die Aufgaben zeigen, wie das gender-integrierte Lernen als Methode zur Verwirklichung von Chancengleichheit und zur Reflexion über neue Geschlechterrollen, ohne den Finger zu erheben, als Beipack in die Lernspiele eingebaut werden kann, sodass ein nahezu unmerkliches Genderlernen durch Spiele, den Einsatz aktivierender Methoden und exemplarische Projektarrangements erfolgt.

2.1 Entwicklung und Gestaltung gendergerechter Arbeits- und Lernprozesse

Ziel der hier vorgestellten Unterrichtsmaterialien ist die Vermittlung und Verwirklichung von vielfältigen Anliegen der Chancengleichheit und sozialer Gerechtigkeit, die sich als roter Faden durch alle hier vorgestellten Lernangebote zieht. Die hier vorgestellten Lehr- und Lernarrangements zielen auf eine Veränderung von Wahrnehmungs- und Interaktions-fähigkeit, aber auch auf die motivationale Stärkung zur Durchführung selbstorganisierter und selbstgesteuerter Lernprozesse, die neben den notwendigen Wissenszuwächsen und Erkenntnissen, Freude und Spaß machen. Freude an der eigenen Leistung und Spaß sind wichtige Grundlagen für selbstorganisierte, eigengesteuerte und selbständige Lernprozesse.

Aus dem Fortbestand direkter und indirekter Benachteiligung von Frauen und Männern durch stereotype Geschlechterrollen ergibt sich das pädagogische Lernziel eines anhaltenden und nachhaltigen Bedarfs an Genderlernen für die Entwicklung gleicher Chancen für beide Geschlechter in den neuen IT-Berufen. Mit Blick auf die faktisch unbewusste und verborgene Reproduktion von Geschlechterstereotypen in Handlungen und Verhaltensweisen sind die Fähigkeiten der an diesen Lernprozessen Beteiligten zur geschlechtssensiblen Fremd- und Eigenwahrnehmung als Teil einer umfassenden Prozesskompetenz – verstanden als Prozess-, als Methoden-, als Sozial- und als personale Kompetenz – stärker zu entwickeln und zu fördern. Hieraus ergeben sich Handlungsbedarfe im Bereich der Fortbildung ausbildender Personen und Personalverantwortlichen sowie der Wirtschaftsverbände, ebenso wie im Bereich der Institutionen allgemeinbildender, schulischer und beruflicher Bildung. In Rollenspielen, Übungen und exemplarischen genderintegrierten Projekten werden die für den Menschen zentralen Gefühle und meist in Lernprozessen vernachlässigten Emotionen angesprochen. Es findet gleichzeitig auch Wissensvermittlung statt, jedoch mehr implizit, da sich hierfür die Einzelnen in diversen Formen des Selbstlernens und der Selbstorganisation in den Prozess des Lernens aktiv einbringen müssen. Die motivationale Stärkung, wie auch die methodischen Kompetenzen der lernenden Person sind zentrale Bildungsziele.

Wie die Kommunikations- und Medienwissenschaft inzwischen zweifelsfrei festgestellt hat, kann das freie Fabulieren und Geschichten erfinden, genannt Story-Telling, sehr effektiv Kompetenzen fördern. Es werden nicht nur Geschichten, sondern auch Bilder und neue Leitmotive generiert, welche nicht nur den Verstand, sondern auch die Gefühle der Spielenden wie der Zuschauenden ansprechen. Wo Worte und reine Wissensvermittlung versagen, hat das Ansprechen von Emotionen durch das Erzeugen von Emotionen eine hohe Wirkung, wie die Psychologie heute weiß. Hierdurch können Verhaltensänderungen angestoßen werden, ohne dass ein moralischer Zeigefinger erhoben wird.

Bilder zu generieren, die das Gefühl ansprechen, sind gewissermaßen die Methode der Wahl, neben dem Lernen in Bildern, wenn es um die Vermittlung komplexer, unbekannter Inhalte geht. Daher haben alle Mitspieler große Freiräume zur selbständigen Ausgestaltung der hier vorgestellten Spiele. Sie können und sollen sich in ihre Rollen emotional einfühlen, wobei sie sich bei der Interpretation ihrer Rollen mit anderen Gruppenmitgliedern abstimmen, ohne dass ihnen ein Text vorgegeben wird. Dadurch werden alle Soft Skills als einzelne Komponenten wie auch als Gesamtpaket gefordert und gefördert, insbes. jedoch die Fähigkeit sich in eine vorgegebene Rolle hineinzudenken und darüber mit anderen zu kommunizieren. Gleichzeitig ist es möglich, vorhandene Stereotypen zu hinterfragen und diese dadurch ein wenig in Frage zu stellen.

Insgesamt betrachtet können soziale, personale und methodische Kompetenztrainings nicht nur als Sensibilisierungstraining für das Einfühlen in andere und neue Perspektiven zur Förderung von Zielgruppen der Arbeitsmarktpolitik betrachtet werden. Nicht zuletzt dienen sie dem Einzelnen als gute Vorbereitung auf eine veränderte Arbeits- und Lebenswelt betrachtet werden, die immer häufiger als VUCA-Welt bezeichnet wird. In dieser äußerst wechselhaften Welt der permanenten Veränderungen werden genau diese Kompetenzen und Fähigkeiten essentiell für den Erfolg.

2.2 Ganzheitliche Kompetenz und „Soft Skills"

Der amerikanische Spitzenmanager Iacocca zieht in seiner Biografie „Eine amerikanische Karriere" zu Beginn des Kapitels „Aufbau des Teams" ein zentrales Fazit:

„Letzten Endes kann man alle wirtschaftlichen Vorgänge auf drei Worte reduzieren: Menschen, Produkte und Profite. Die Menschen stehen dabei an erster Stelle. Wenn man kein gutes Team hat, kann man mit den beiden anderen nicht viel anfangen". (Iacocca, ebd. S. 214)

Diese Sätze aus der Feder eines der anerkanntesten Wirtschaftsführer der USA mit jahrzehntelanger Erfahrung in mehreren Großunternehmen hat auch heute nichts an Geltung verloren. Dieser Absatz fasst sehr gut zusammen, was eine erfolgreiche Unternehmung letztlich ausmacht: motivierte MitarbeiterInnen! Oder um es noch einmal mit anderen Worten zu sagen: über die Qualität der betrieblichen Arbeit entscheidet die Motivation aller im Betrieb tätigen Personen. Und dies wiederum entscheidet letztlich über das Betriebsergebnis und den Erfolg des Unternehmens. Daraus ergeben sich drei zentrale Fragen:

- Was kennzeichnet die Personen, die für zukunftsweisende Arbeitsplätze geeignet erscheinen und wie definiere ich die neuen Anforderungen in der betrieblichen Arbeit?
- Wie kann ich bewirken, dass sich meine MitarbeiterInnen voll für den wirtschaftlichen Erfolg einsetzen und in der neuen VUCA-Welt orientieren und behaupten können?
- Welche neuen Lern- und Arbeitsmethoden, aber auch welcher Führungsstil ist diesem paradigmatischen Wandel der betrieblichen Arbeit angemessen?

Wohingegen Großunternehmen in den letzten Jahren dazu übergegangen sind die komplexe Aufgabe der Personalauswahl und -findung bis zur Schlussentscheidung an spezialisierte Personaldienstleister auslagern, nehmen kleine und mittlere Unternehmen die Aufgabe der Personalsuche und -einstellung immer noch meist in vollem Umfang wahr.

Hierzu gehört nicht nur das Aufgeben von Stellenanzeigen, das Führen von Bewerbungsgesprächen und letztlich die Entscheidungsfindung. Um zu verhindern, dass Anforderung und Bewerberprofil auseinanderklaffen und damit ein klassisches Missmatch entsteht, ist eine weitgehende Kongruenz zwischen dem Anforderungsprofil der zu besetzenden Stelle und dem Profil einer entsprechenden Person anzustreben.

Wichtig ist deshalb vor allem die klare Antwort auf die Frage, welche Art von Kompetenz für die zu besetzende Stelle benötigt wird und wie die Anforderungen der zu besetzenden Stelle zu definieren sind. Ein unzureichendes Verständnis der Arbeitsinhalte und der Fähigkeit, eine neu zu besetzende Stelle umfassend zu definieren, bildet vielfach eine große Hürde für die externe Besetzung freier Stellen. Die Arbeiten von WENGER (2013) befassen sich mit dieser Problematik aus der Sicht des praxisorientierten Dienstleisters, der als Headhunter den auftraggebenden Unternehmen passende Vorschläge für extern zu besetzendes Personal unterbreitet und für entsprechende Vakanzen geeignete BewerberInnen am Markt sucht.

Dies bedeutet, dass es in der Praxis der Personalführung, des Personalmanagements und der Personalentwicklung eines zugrundliegenden Kompetenzbegriffs bedarf, der es erlaubt, im konkreten Zusammenhang der Stellenbesetzung und der Personalentwicklung im konkreten Fall die Anforderungen an ein bestimmtes Bewerber- bzw. Arbeitnehmerprofil zu definieren. Gleichzeitig ist aus betrieblicher Sicht ein sogen. Stellenprofil – eine Art Anforderungskatalog bzw. ein Raster von Arbeitsschwerpunkten zu erstellen, um die zentralen Anforderungen im betrieblichen Kontext zu umreißen. Dies erleichtert es, die Vorstellungen aller Beteiligten abzuklären, nicht nur was die formalen Voraussetzungen, sondern auch was informelle Kompetenzen, Erfahrungswissen und personenbezogene Kompetenzen wie auch deren hierarchische Positionierung und Entscheidungskompetenzen angeht. WENGER, ein erfahrener Headhunter im Spitzensegment, stellt hierzu als Erfahrungswert fest:

„Die Praxis zeigt, dass Unternehmen die für Stellenbesetzungen erforderlichen Informationen häufig nicht benennen können. Begründen lässt sich dieses mit den Faktoren Zeit und Unwissenheit. Zeit, weil … im Tagesgeschäft fast immer der Rückzug fehlt sich intensiv mit Inhalten und Rahmenbedingungen von zu besetzenden Stellen zu befassen. Unwissenheit, weil Unternehmen sich der Notwendigkeit jener Überlegungen als unverzichtbare Grundlage für erfolgreiche Rekrutierungsprozesse oft nicht bewusst sind …" (Wenger, 2013, S. 3).

Konsequent zu Ende gedacht, kann daraus ein Fortbildungsbedarf für Fach- und Führungskräfte abgeleitet werden, der nicht nur Einstellungsprozesse fokussiert, sondern auch Fragen der effizienten Personalführung und des Managements von Personalentwicklungsprozessen.

An diesen Beispielen aus dem betrieblichen Zusammenhang wird exemplarisch verdeutlicht, wie sehr sich die Funktion von Führungsaufgaben geändert hat und dass es letztlich hinsichtlich der Kompetenzentwicklung von Führungskräften darum gehen muss, deren analytische, wie auch deren personenbezogene Kompetenzen hinsichtlich der Mitarbeiterführung und -entwicklung zu fördern.

Einstellungs- und Personalrekrutierungsprozesse sind jedoch in keinem Unternehmen eine Aufgabe Einzelner bzw. der betrieblichen Personalabteilung, sondern immer wieder Abstimmungsprozesse der Verantwortlichen untereinander bzw. der Unternehmensspitze und den Fachabteilungsverantwortlichen in den Unternehmen. Deshalb wird auch jede Führungskraft sich zwangsläufig mit Fragen der innovativen Personalführung befassen müssen. Aus der Sicht der Beschäftigten und der Unternehmen sind alle Fragen, welche das Personal betreffen, elementar wichtig. Nicht zuletzt deshalb gehören Personalfragen in den Großunternehmen ab 2000 Beschäftigten zu den mitbestimmungspflichtigen Schwerpunkten. Hier haben Gewerkschaftsvertreter, Vertrauensleute oder Personalräte in allen Punkten mitzubestimmen. Hervorzuheben ist, dass Personalfragen im Kontext von Arbeit 4.0 für alle Beschäftigten in jedem Unternehmen – auch klein- und mittelständischen Betrieben – als Teil des Systemmanagements von strategischer und wirtschaftlicher Bedeutung sind und von daher mit höchster Priorität zu versehen sind.

Im Folgenden wird skizziert, wie der zentrale Begriff der ganzheitlichen beruflichen Handlungskompetenz aus wissenschaftlicher Sicht definiert wird. Der Begriff der beruflichen Handlungskompetenz wird nach Heyse & Erpenbeck (2004, S. 63) auf vier Ebenen als Gesamtheit von vier Kompetenzebenen konstituiert.

1. Personale Kompetenz

Ist die Disposition einer Person reflexiv, selbstorganisiert zu handeln und sich selbst einzuschätzen. Die personale Kompetenz umfasst die Fähigkeit, sich selbst richtig einzuschätzen und Werte, Motive sowie Selbstbilder zu reflektieren. Sie ist vor allem bei Vertragsverhandlungen, im Kundendienst bzw. im Kundenkontakt unerlässlich.

2. Fachlich-methodische Kompetenzen

Unter fachübergreifender Kompetenz verstehen wir die Fähigkeit, in Tätigkeiten, Aufgaben und Lösungsansätzen methodische Kompetenzen und fachliche Kenntnisse einzubringen, welche zur kreativen Problemlösung in selbstorganisierter Weise befähigen.

Diese Kompetenzen, zu denen z. B. u. a. auch Sprachkenntnisse zählen, helfen bei der Erarbeitung eigenständiger Ansätze der Problemlösung oder der Bewältigung neuer Herausforderungen im Sinne gelungener Transferleistungen, bei denen bekanntes und erlerntes Wissen zur Lösung neuer Probleme genutzt wird.

3. Sozial-kommunikative Kompetenz

Hierbei handelt es sich um eine Disposition, sich kommunikativ und kooperativ selbstorganisiert zu verhalten, gruppen- und beziehungsorientiert zu handeln sowie neue Pläne, Aufgaben und Ziele zu entwickeln. Diese vielfach unterschätzte soziale Kompetenz beinhaltet Verhaltensweisen, welche z. B. die Fähigkeit zur gelungenen Kooperation in Abstimmungs- und Kommunikationsprozessen konstituieren. Dies ist gerade in arbeitsteiligen Gruppenprozessen von hoher Relevanz.

4. Aktivitäts- und umsetzungsorientierte Kompetenz

Es handelt sich hierbei um die Disposition einer Person, aktiv und gesamtheitlich selbstorganisiert zu handeln und dieses Handeln auf die Umsetzung von Absichten, Vorhaben und Plänen zu richten – entweder für sich oder in Kooperation mit anderen bzw. mit oder für andere. Diese Kompetenz umfasst somit in erster Linie die Fähigkeit, alle Dispositionen in die eigenen Antriebe zu integrieren und Handlungen erfolgreich zu realisieren (Abb. 9).

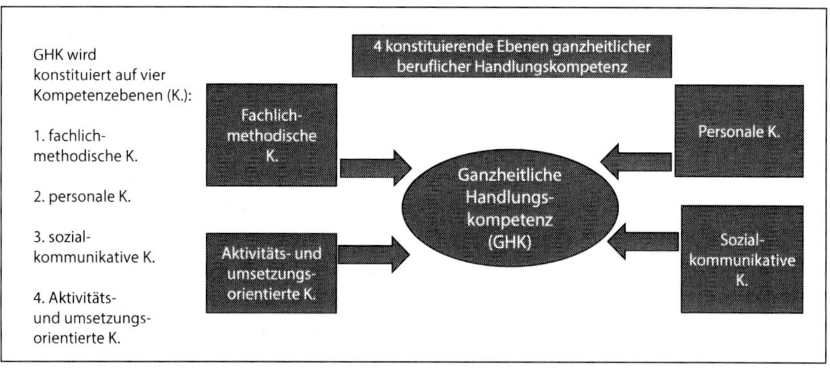

Abb. 9: Schaubild der Anforderungsebenen für ganzheitliche Handlungskompetenz (Quelle: eigene Darstellung nach Heyse, V./Erpenbeck, J.: Kompetenztraining, Stuttgart 2004, S. 63)

Zur Definition von Begrifflichkeiten in Zusammenhang mit der Erstellung von Kompetenzprofilen sind folgende Definitionen gebräuchlich:

- **Wissen und operative Fertigkeiten** werden angeeignet durch Ausbildung/en und einschlägige, praktische Erfahrungen sowie Selbstlernen, informelle Lernvorgänge und das Lernen im Prozess der Arbeit
- Unter **Qualifikationen** verstehen wir das zertifizierte, formale Wissen, z. B. durch Prüfungen und anerkannte Abschlüsse erworbene Berufs- und Studienabschlüsse
- **Kompetenz** als ein umfassender Begriff wird konstituiert durch Wissen, Fähigkeiten und Erfahrungen aus den vier unterschiedlichen Kompetenzklassen. **Unter Kompetenz versteht man somit ein Bündel von Wissen, operativen Fähigkeiten, Qualifikationen und Erfahrungslernen.** Die berufliche Erfahrung ist somit eine weitere Ebene, die erst zur Handlungs-

kompetenz führt. Der Terminus „Ganzheitliche Handlungskompetenz" bezieht sich somit auf ein Konglomerat unterschiedlicher Anforderungsebenen.

Hinsichtlich neuerer Entwicklungen hinsichtlich der Informatisierung betrieblicher Arbeit und damit verbundenen permanenten Prozessen der Re-Organisation ist festzuhalten, dass die fachliche Kompetenz, welche früher ganz besonders in Form zertifizierter Abschlüsse als vorrangig betrachtet wurde, nicht mehr als überwiegend ausschlaggebend für die Passgenauigkeit eines Bewerbungsprofils betrachtet werden kann. Es ist doch angesichts des raschen Verfalls tagesaktueller Informationen im Zeichen ständiger Innovationen davon auszugehen, dass es kontinuierlicher Bestrebungen bedarf, um der ständigen Anforderung an Wissenserwerb und lebenslanges Lernen zu entsprechen. In der Konsequenz bedeutet dies, dass einmal erworbene fachliche Kompetenzen und Fertigkeiten rasch veralten und ständig neu erworben werden wollen. Sei es durch Fortbildungen, sei es als Erfahrungslernen in der betrieblichen Arbeit. Nicht zuletzt das Selbstlernen, wie das informelle Lernen im Arbeitsprozess spielt eine immer größere Rolle und ist ein immer wichtiger werdendes Thema.

Aus diesen Gründen ist es von zentraler Bedeutung, längere Unterbrechungen der beruflichen Tätigkeit zu vermeiden bzw. auch bei Elternzeitregelungen die angebotenen Halte- und Weiterbildungsangebote der Unternehmen anzunehmen. Weiterbildung in jeder Form wird zu einem Gebot lebenslangen Lernens. Eminent wichtig und neben der fachlichen Eignung nahezu als gleichwertig zu betrachten sind inzwischen die magischen drei anderen Kompetenzklassen, also personale Kompetenzen, sozial-kommunikative sowie aktivitäts- und umsetzungsorientierte Kompetenzen, welche vielfach auch unter dem Begriff der „Soft Skills" subsummiert werden. Ihre wachsende Bedeutung resultiert nicht zuletzt aus dem Bedarf „zu lernen, wie man lernt". Es handelt sich hierbei um die Beherrschung und Kenntnis von Verfahrensweisen, Methoden und Abläufen, welches es erlauben, die anstehenden Wissenslücken schnell zu schließen. Hierzu gehören auch soziale Verhaltensweisen, wie sie z. B. eine erfolgreiche Gruppenarbeit erfordert oder aber eine erfolgreiche Verhandlungsführung. Die hohe Spezialisierung und Individualisierung in der Erbringung von komplexen Dienstleistungen bei der Entwicklung eigenständiger Problemlösungen macht diese sogen. „Soft Skills" zum zentralen Kern der z. B. durch eine schulische, eine berufliche Bildung oder durch ein Studium erworbener Wissensbestände.

Fassen wir also zusammen: Veränderte Anforderungen in der VUCA-Welt verlangen die Aufwertung von Soft Skills als Bestandteil einer flexiblen, ganzheitlichen Handlungskompetenz.

Vernetzte Arbeitswelten haben eine neue Arbeits- und Lernkultur hervorgebracht, als deren Zielvorstellung nach Erpenbeck/Heyse und Rosenstiehl das Modell der ganzheitlichen, lebenslangen Kompetenzentwicklung steht. Im Kontext dieses Kompetenzmodells, das aus den Teilbereichen fachlicher, fachübergreifender, personaler und sozialer Kompetenzen besteht, wird es unumgänglich die „Soft Skills" als zentrale Aus- und Weiterbildungsinhalte zu betrachten und aufzuwerten. Bildungsprozesse sind dann so zu gestalten, dass sie insbes. die Fähigkeit zum methodisch fundierten Arbeiten, aber auch der sozialen Interaktion und Kommunikation in einer gelungenen Gruppenarbeit schulen.

Diese früher als nicht prüfungsrelevant begriffenen Kompetenzen sind sowohl für die zukünftige Arbeit in vernetzten Arbeitsprozessen als auch zur Herstellung und Wahrung der Chancengleichheit für benachteiligte Personengruppen und Angehörige von Minderheiten vonnöten. Dies ist eine Notwendigkeit in mehrfacher Hinsicht:

- Soft Skills werden zur zentralen Größe hinsichtlich beruflicher Kompetenzen, da einmal erworbene Wissensbestände rasch veralten und lebenslang erneuert werden müssen
- Soft Skills sind aufzuwerten, wenn es um die Entwicklung einer zukunftsfähigen Lern-, Innovations- und Unternehmenskultur mit heterogenen Belegschaften geht
- Soft Skills mit allen Facetten methodischen und übergreifenden Wissens, aber auch der Fähigkeit zur sozialen Interaktion und komplexen Interaktion in Gruppenprozessen, sind die zentrale Voraussetzung zur Bewältigung neuer Anforderungen in einer vernetzten Arbeitswelt.

Inzwischen wird in der Fachwelt davon ausgegangen, dass die Förderung der sogen. Soft Skills in allen Bildungsbereichen eine herausragende Rolle hinsichtlich der Fähigkeit zur Kompetenzentwicklung und Selbstbehauptung führen. Die neuen, agilen Arbeitsprozesse finden in Teamarbeit statt und gerade Soft Skills sind für das Gelingen von Teamarbeit in weitgehend selbstgesteuerten Arbeitsprozessen von zentraler Bedeutung. Um darauf vorzubereiten, ist es wichtig, in den Lernprozessen statt der Vorgabe von eng definierten Aufgaben und Lösungswegen neue Lehr- und Lernformen einzusetzen und zu erproben, welche die Fähigkeit zur Entwicklung eigenständiger Problemlösungen fördern und stärken, insbes. mit Blick auf den zunehmenden Einsatz intelligenter Systeme und Datenbanken, welche menschliche Routineaufgaben mehr und mehr durch komplexe Dienstleistungen ablösen. Im Kontext des auf das Ziel ganzheitlicher Handlungskompetenz ausgerichteten Kompetenzmodells ist anzumerken, dass ein neues Arbeits- und Lernparadigma auf den Plan getreten ist.

Der Grund hierfür ist, dass die Kontinuität des wirtschaftlichen Strukturwandels zu einem stetigen Wandel an betriebliche Anforderungen, informationstechnisch vernetzten Arbeitsprozessen und Führungsstilen geführt hat. Das Entstehen der VUCA-Welt hat nicht nur in den Betrieben, sondern in allen Bildungsbereichen zu einem Paradigmenwechsel geführt. Dies hat zur Folge, dass auch das Lernen in der schulischen und beruflichen Bildung für alle Akteure wesentlich anspruchsvoller geworden ist, was die erforderlichen Soft Skills angeht, aber auch die Fähigkeit, sich flexibel auf neue fachliche Anforderungen einzustellen.

2.3 Neue Lehr- und Lernformen für ganzheitliche Kompetenzentwicklung

Die folgenden Spiele, Übungen und exemplarischen Beispiele genderintegrierter Projektarbeit haben das Ziel der Stärkung von Softskills und Vermittlung ganzheitlicher Kompetenzen, eingepackt in einen Ansatz genderintegrierter Fragestellungen, der nicht zuletzt auf die Stärkung von Chancengleichheit abzielt. Insbes. wird durch die aktive Einbeziehung der Lernenden die Gesamtheit sozialer, personaler und methodischer Kompetenzen gestärkt, auf deren Grundlage die Fähigkeit zur Selbstorganisation und der motivationalen Selbststeuerung mit dem Ziel der gestalterischen Selbstwirksamkeit erwachsen.

„Lehrinhalte sowie auch die Vermittlung von Wissen spiegeln gesellschaftliche Verhältnisse wider. Immer noch finden sich in Unterrichts- und Didaktik Materialien Stereotype von weiblichen und männlichen Geschlechterrollen, die längst überholt sind. Dies alles bedarf der Genderkompetenz, die – um sie bewusst einsetzen zu können – ebenso erlernt sein will“ (Sandra Frauenberger, in: IFF, Vorwort, Wien 2005).

Mit Blick auf die sozialen Auswirkungen der intensiven Nutzung von Internet und Plattformen (TikTok, Facebook usw.) und dem Verlust an sozialen Lernchancen in der analogen Welt ist ein zunehmender Schwund an Kompetenzen zur Gestaltung von Interaktions- und Kommunikationsprozessen bei den Nutzern, insbes. Kindern und Jugendlichen, zu befürchten. Hier drohen schwerwiegende Störungen der sozialen Entwicklung, wie die Kommerzialisierung der Jugendphase und Internetsucht zeigt. Gerade deshalb ist es wichtig, soziale Lernchancen auszuloten, die sich auch im Kontext der Nutzung von virtuellen Formen des Unterrichts realisieren lassen und zu gemeinschaftlichen Lernerlebnissen in einer Gruppe führen, welche durch nichts zu ersetzen sind.

Die folgenden Spiele, Übungen und Lernarrangements sind im Kontext zahlreicher einschlägiger Vorarbeiten der Autorin und langjähriger Erfahrung im Kontext von Bildungsprozessen entstanden. Hierbei haben mehrere europäische Partnerprojekte und insbes. der BIBB-Wirtschaftsmodellversuch entscheidende Anstöße und Entwicklungsimpulse gegeben.

Alle folgenden Unterrichtsmaterialien sind vielfach erprobt und wurden in vielen Jahren auf der Grundlage empirischer Bildungsarbeit und zahlreicher Modellprojekte weiterentwickelt, systematisiert und vervollständigt, um den Fundus der Unterrichtsmaterialien zur Chancengleichheit zu erweitern. Sie sind erprobt, praxistauglich und damit unmittelbar einsetzbar für den Unterricht in Schule, Berufsbildung und Studium.

2.4 Paradigmen ganzheitlichen Lernens

Ganzheitliche Ausbildungs- und Lern-, wie Arbeitsprozesse sind auch immer gendergerechte Prozesse. Maßgeblich für Ihr Gelingen erscheint von Beginn an sowohl das aktive Einbeziehen aller Akteure einschließlich der Lernenden in den Bildungseinrichtungen wie der betrieblichen Sozialpartner in den Unternehmen. Insbes. die Aufwertung der Lernenden und deren Einbindung in den Prozess der Wissensvermittlung als aktiv Handelnde ist zu betonen, als auch die Berücksichtigung der nach wie vor geltenden Vorbildfunktion von Ausbildungspersonen und Personalverantwortlichen (101). Hinzu kommt die gendergerechte Ausdifferenzierung von Aufgaben und Lernzielen.

Die nachfolgende Abb. 10 stellt eine Gesamtschau dar der notwendigen Eckpfeiler für die Gestaltung ganzheitlicher und gendergerechter Ausbildungs- und Lernprozesse. Sie erhebt keinen Anspruch auf Vollständigkeit, zeigt aber doch, wie komplex und innig miteinander verwoben die einzelnen Ebenen sind.

Sie interpretiert die empirischen Befunde in Form von Eckpunkten für gendergerechte betriebliche Aus- und Weiterbildung – wie für gendergerechte betriebliche Arbeit in übergreifenden Geschäftsprozessen – und fasst diese in analytischer/gebündelter Form als Paradigmen gendergerechter und ganzheitlicher Ausbildung in übergreifenden Geschäftsprozessen zusammen.

In Ergänzung der bereits formulierten Regeln zur Gestaltung gendergerechter Aus- und Weiterbildungsprozesse wird deutlich, dass hinsichtlich der Darstellung der Geschlechter in Sprache, Inhalten, Methodik und Didaktik als entscheidende Gestaltungselemente sozial definierte Geschlechterrollen, Verhaltensnormen und Mode als Determinanten hinzukommen.

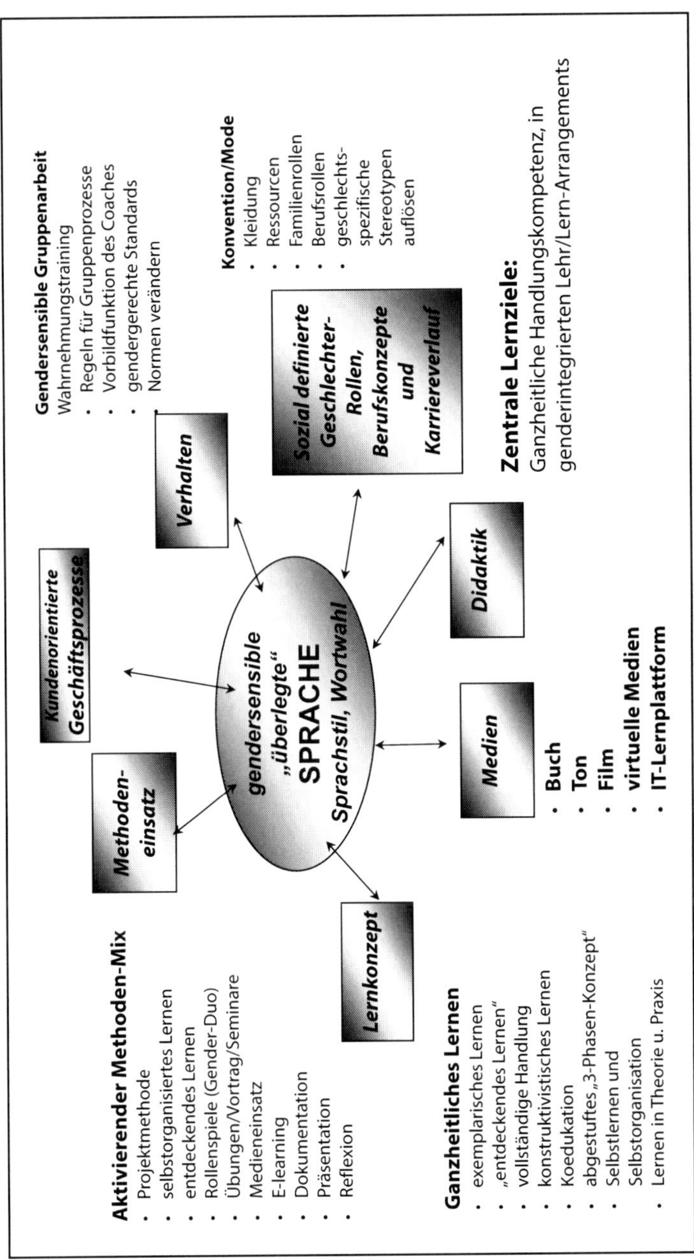

Abb. 10: Paradigmen ganzheitlicher und gendergerechter Ausbildung (Quelle: Lippe-Heinrich 2020)

Dies gilt auch bei der Gestaltung von gender-integrierten Lernarrangements, Arbeitsprozessen und arbeitsorganisatorischen Lösungen – ein sehr komplexes Modell, das der überaus komplexen, geschlechterdifferenten Ausgangslage entspricht. Denn „es gibt keine Situation, in der es gänzlich ohne Bedeutung ist, ob jemand als Frau oder als Mann erkannt wird. Geschlechtszugehörigkeit strukturiert unseren Alltag, sie ist „omnirelevant" (FIFF, S. 9).

In enger Verbindung zur geschlechtersensiblen Sprache und einem entsprechenden Sprachstil und Sprachgebrauch können sich neue, nicht über die Biologie (das Geschlecht), sondern über soziale Anforderungen und Eigenschaften definierte Geschlechterrollen (Gender) entwickeln.

Verhalten, Methodik, Didaktik und Lernkonzepte der allgemeinen Bildung wie auch der betrieblichen Aus- und Weiterbildung werden nicht unmaßgeblich davon beeinflusst.

Das nachfolgende Schaubild 10 wurde als analytische Gesamtschau aus zahlreichen Befragungen Ausbildender und Personalverantwortlicher Personen entwickelt und in systematisierter Form abgeleitet worden. Es kann an dieser Stelle nicht ausführlich erläutert werden.

Festzuhalten ist die Komplexität der Gestaltungsebenen und -elemente, die vielfach miteinander verwoben erscheinen, sodass sie nur als ganzheitliches Aufgabenkonstrukt in praxisnahen Schwerpunktthemen vermittelbar erscheinen (s. hierzu die Kapital 6–9 zur Veranschaulichung mit erprobten Beispielen aus der Ausbildungspraxis).

3 Gestaltungsüberlegungen für zukunftsgerichtete Bildungsprozesse

Die Stärkung der sogen. „Soft – Skills", insbes. der Kommunikations- und Interaktionsfähigkeit ist das erklärte Ziel der Spiele und Übungen wie auch der hier exemplarisch dokumentierten Ausbildungsprojekte. Der Perspektivwechsel trägt in jeder der genannten Konstellationen zur Sensibilisierung für das Thema Chancengleichheit bei und auch dazu, sich besser in die Lage bzw. die Rolle des anderen Geschlechts/der anderen Person hineinversetzen zu können.

Das Ziel dieser Rollenspiele und Übungen ist es, die gängige Wahrnehmung zu hinterfragen und die Fähigkeit zu stärken, einen Perspektivwechsel vorzunehmen, d.h. sich in das jeweils andere Geschlecht einzufügen, aber auch Sensibilität für unterschiedliche Personengruppen zu entwickeln. Damit werden wichtige Ziele für den Erwerb ganzheitlicher Handlungskompetenz verfolgt, nicht zuletzt auch motivationale Aspekte, welche den Spaß am Lernen und die Motivation zum entdeckenden Lernen und zum Wissenserwerb stärken.

Das freie, assoziative Spiel und das Storytelling stärken zudem die Kompetenz der Teilnehmenden, einfache und komplexere Aufgaben selbständig auszuformulieren und dafür gangbare Lösungsvorschläge zu entwickeln, unabhängig von Vorgaben und vorgefassten Mustern. Dies stärkt nicht nur die Genderperspektive, sondern auch die Fähigkeiten zur Erbringung wissensbasierter Dienstleistungen, bei denen personale wie soziale Kompetenzen eine zentrale Rolle spielen. Insgesamt betrachtet wird durch die folgenden Spiele, Übungen und Projekte die erforderliche Handlungskompetenz in der immer komplexer werdenden VUCA-Welt geübt und gestärkt.

Die für alle nachfolgenden Spiele, Übungen und Projektaufgaben einzusetzenden Methoden lauten übergreifend:

- Kennenlernprozesse in der Gruppe anstoßen
- Bilden von willkürlich zusammengesetzten, kleinen Lerngruppen und Arbeitsgruppen
- Recherchieren, Diskutieren und Aufgaben lösen in der Kleingruppe (mit willkürlicher und gezielter Zusammensetzung)
- Storytelling
- Assoziatives Spiel
- Erfahrungsaustausch und Reflexion in Klein- und Großgruppe bzw. Plenum
- Freiwilligkeit der Übernahme von Rolle
- Absoluter Datenschutz, keine Handyaufnahmen während der Spiele

Der Zeitbedarf für die Entwicklung, Präsentation und Reflexion ist abhängig von der Spiel- und Erzählfreude der Spielenden, sollte aber für die Erarbeitung 10–20 Minuten pro Spiel in der Kleingruppe plus 10 Minuten Präsentation und Reflexion im Plenum nicht überschreiten.

3.1 Teamarbeit und soziales Lernen, Gleichstellung als übergeordnete Lernziele

Angesichts des Fehlens angemessener Frauenanteile in den Spitzenpositionen der Deutschen Wirtschaft kann das Bestehen einer nach wie vor fehlenden Geschlechterparität in der dualen Ausbildung und in den Führungsebenen bzw. den Geschäftsfeldern mit guten Verdienstchancen nicht als gegeben hingenommen werden.

Wie der Verlauf der Begleitforschung für den bislang einzigen Wirtschaftsmodellversuch des Bundesinstituts für Berufsbildung und des Landes Berlin ergab, der sich Fragen der Gendergerechtigkeit in Bildung und Berufen der Informationstechnik widmete, sind mit Blick auf eine faktisch unbewusste und verborgene Reproduktion von Geschlechterstereotypen in Handlungen und Verhaltensweisen die Fähigkeiten der Akteure zur geschlechtssensiblen Fremd- und Eigenwahrnehmung als Teil einer umfassenden Prozesskompetenz – verstanden als Prozess-, als Methoden-, als Sozial- und als personale Kompetenz – stärker zu entwickeln und zu fördern. Zur Überwindung ausgeblendeter und unbewusster Stereotypen ist Gleichstellungslernen sowohl explizit als auch – und dies scheint wesentlich effektiver zu sein – ein übergeordnetes, immanentes Lernziel zu formulieren.

Als ein zentrales Ergebnis aus dem BIBB-Wirtschaftsmodellversuch wurde mithilfe von mehreren empirischen Referenzprojekten, gemeinsam mit engagierten, namhaften Ausbildungsbetrieben in Berlin der hier vorgestellte Ansatz des Lernens für Gleichstellung in ganzheitlichen Aufgabenstellungen unterschiedlicher Art entwickelt.

Der hier vorgestellte Ansatz des genderintegrierten Lernens für Chancengleichheit ist somit ein integraler Bestandteil ganzheitlichen Lernens, welches Persönlichkeitsentwicklung und soziales Lernen deutlich fokussiert. Genderintegriertes Lernen ist vor allem in Verbindung mit anderen Methoden und Inhalten des Lernens als immanentes Lernziel zu realisieren.

Weitere Methoden, die neben dem Ansatz der Gestaltung genderintegrierter Lernarrangements in Zusammenhang mit den hier entwickelten Rollenspielen, Übungen und Lernprojekten zum Tragen kommen, umfassen als aktivierendes Lernen zahlreiche innovative Lernformen und Instrumente, wie z.B.

- Entdeckendes Lernen (Ernst)
- Handlungsregulatorischer Ansatz (Volpert und Hacker, Hensge, Schlottau)
- Projektlernen als konstruktivistisches Lernen in Lerngruppen
- Lernen durch Selbstorganisation (Einzeln und in Kleingruppen sowie Plenum)
- Lernen durch Kommunikations- und Interaktionstraining in Teamarbeit, Rollenspielen, Story-Telling, usw.
- Lernen durch Medien- und Methoden-Mix, z.B. in Präsentationen mit freier Methodenwahl bzw. Mix einzelner Präsentationsmedien und -techniken

Das Anliegen der Vermittlung von Genderkompetenz impliziert die Konzeption von Bildungsprozessen in aufeinander folgenden Schritten. Für jeden Lernschwerpunkt sind spezifische Angebote der genderintegrierten Bildung in drei Phasen zu entwickeln:

Phase I beginnt mit Sensibilisierung und Orientierung. Die Ausgangsüberlegungen in Phase I lauten:

Frage A: Wozu brauchen wir Genderlernen, wenn wir schon gleichberechtigt sind?

Frage B: Was ist dysfunktional an geltenden Laufbahn- und Lebenskonzepten?

Für diese Phase haben sich die Übungen und Rollenspiele von Kapitel 5 und 6 bewährt.

In Phase II schreitet man weiter voran mit genderintegrierten Aufgabenstellungen.

Aufgabe von Phase II ist die spielerische Entwicklung und Erprobung von Formen prozessübergreifender und gendergerechter Verhaltensweisen im Beruf (und im Privatleben).

Das Ziel ist das Einüben und die Entwicklung gleichberechtigter Geschlechter-, Berufs- und Erwerbsrollen.

Hier stellt sich Frage C: Wie identifiziere ich ein ausbildungs- und prüfungsrelevantes „integriertes“ Lernprojekt bzw. welche „integrierte Lernaufgabe“ ist in der regulären Ausbildungssequenz zu bearbeiten?

Für Phase II eignen sich ganz besonders die von der Kommunikation und den Wissensanforderungen her etwas anspruchsvolleren Entscheidungsspiele und beispielhaften Projekte in Kapitel 8 und 9.

Kontinuierliche Weiterentwicklung des Lernens mündet in Phase III mehr und mehr in die exemplarische Erprobung selbstorganisierter Lern- und Arbeitszusammenhänge. In Phase III erfolgt die Festigung ganzheitlicher

Handlungskompetenz, inkl. gendergerechten Verhaltens in Lern- und Arbeitsprozessen.

Das Ziel dieser Phase ist das Leben und Arbeiten mit dem Motiv der Chancengleichheit, und zwar auf der Basis der Gleichbehandlung von Frauen und Männern. Gendersensibles und genderkompetentes Verhalten ist ein integraler Bestandteil des Verhaltens geworden.

Frage D: Welche Anforderungen und Merkmale umfasst genderkompetentes Handeln, Sprechen, Entscheiden in der betrieblichen Ausbildung und Arbeit? Wie ist mein betrieblicher Auftritt zu gestalten?

Dieses weitgehend selbstgesteuerte und selbstorganisierte Lernen in genderintegrierten Projekten ist die anspruchsvollste Form des Lernens und Arbeitens. Ein gleichberechtigtes Lernen und Arbeiten ist dabei zur Selbstverständlichkeit geworden.

Es geht in der Zusammenstellung der Teams weniger um die einzelnen Personen als um Ihre Schwächen und Stärken sowie Potenziale, welche in einem komplementär zusammengestellten Team gebündelt werden.

Als Fazit aus den modellhaften Erprobungen genderintegrierter Ausbildungsaufgaben und Projekte in exemplarisch begleiteten Demonstrationsvorhaben ist festzuhalten, dass sich das angestrebte Genderlernen nicht in einem Schritt durchführen lässt, sondern dass es – gemäß den Befunden der wissenschaftlichen Begleitung und deren Reflexion – nur in drei Etappen vermittelt werden kann. Dieses prozesshafte ganzheitliche Lernen umfasst somit idealtypisch drei Phasen, die sozusagen prozessimmanent zum Ziel führen. Keine Phase darf übersprungen werden, sondern es müssen zunächst die Lernziele der entsprechenden Phase erreicht werden.

In jeder dieser Phasen werden jeweils für die nächste Phase wesentliche Lernprozesse und Lernschritte durchgeführt und damit die Grundlagen für die nächste Phase gelegt.

Die entsprechenden Lernprozesse bewirken eine Sensibilisierung und inhaltliche Weiterentwicklung. Damit führen sie von Phase I ausgehend direkt in die jeweils nächste Phase des Lernens. Phase III führt direkt in die betriebliche Arbeit und die Geschäftsprozesse hinein bzw. ist bereits Teil übergreifender Arbeitsanforderungen. Phase III beinhaltet i.d.R. mitbestimmungspflichtige Projekte. Sie bedürfen nicht nur zeitlich aufwendiger, betrieblicher Planungs- und Abstimmungsprozesse, sondern auch aufwendiger inhaltlicher Ausgestaltung hinsichtlich gender-integrierter Lernaufgaben.

Die gesetzliche Grundlage hierfür lautet, dass gemäß § 80, Abs. 1, Nr.2 a.) und b.) Betriebsverfassungsgesetz in der Fassung 2001 u.a. als Aufgabe des

Betriebsrates vorgeschrieben ist, die Durchsetzung der tatsächlichen Gleichstellung von Männern und Frauen insbes. bei der Einstellung, Beschäftigung, Aus-, Fort- und Weiterbildung und den beruflichen Aufstieg zu fördern und die Vereinbarkeit von Familie und Erwerbstätigkeit voranzutreiben.

Eine Alternative hierzu ist die Einrichtung einer Übungsfirma, wie bei Fa. Otto Versand in Hamburg oder die Schaffung übergreifender Lerninseln, etwa im Stil der Fa. VW AG in Wolfsburg. Allerdings wäre hier sicherzustellen, dass nicht nur das ganzheitliche und geschäftsprozessorientierte Lernen, sondern auch die Genderkompetenz auf dem Lehrplan wie auf der Agenda der Personalverantwortlichen steht. Dies ist i.d.R. derzeit heute vielfach noch nicht der Fall. Es ist anzumerken, dass übergreifende Ausbildungsprojekte dieser Art nur durch gegenseitige Zustimmung beider Sozialpartner in einem laufenden Geschäftsbetrieb durchzuführen sind (Lippe-Heinrich, 2020). Daher wird für derartige Vorhaben ein umfassender, institutioneller Vorlauf benötigt, in den alle Beteiligten von Anfang an planerisch eingebunden sind.

Erkenntnisse aus der teilnehmenden Beobachtung geschlechtsspezifischer Interaktion bei der Durchführung eines Ausbildungsprojekts, genannt „Kugelschreiberfabrik", welches als Beispiel für ganzheitliche, gleichberechtigte Ausbildung gelten kann, deuten darauf hin, dass bereits die paritätische Zusammensetzung von Lerngruppen mit einem Geschlechterproporz von 70:30 das genderintegrierte Lernen ganz wesentlich erleichtert (ebd.). So ergab die teilnehmende Beobachtung von Ausbildungsgruppen durch die wissenschaftliche Begleitung des BIBB-Modellversuchs, dass es erst ab einem Frauenanteil von min. 30% zu einem mehr oder weniger gleichberechtigten Miteinander kommen kann. Solange Frauen in der Minderheit sind, nehmen sie einen Sonderstatus – als eine Art Token bzw. als Maskottchen – ein und können sich nicht ungezwungen frei von Stereotypen entfalten. Sie fühlen sich dann unwohl und angespannt, wobei in den teilnehmenden Beobachtungen seitens der wissenschaftlichen Begleitung zu beobachten war, dass je mehr Frauen in einer Gruppe vertreten waren, diese umso ungezwungener gleichberechtigt agieren konnten. Es machte somit einen großen Unterschied, ob eine Frau als einzelnes Mitglied einer männerdominierten Gruppe ihren Anteil an der Gruppenarbeit erbrachte oder aber ein ungezwungenes Miteinander in einer nahezu paritätisch zusammengesetzten Gruppe möglich war.

Wenngleich zahlreiche große, amerikanische Unternehmen der Software- und IT-Industrie bereits in Phase III angekommen erscheinen, sind deutsche Unternehmen – von wenigen Marktführern abgesehen – als Gesellschaft immer noch in Phase I zu verorten.

Eine Dokumentation der exemplarisch durchgeführten und erfolgreichen, betrieblichen Demonstrationsvorhaben mit genderintegrierten Aufgabenstellungen enthält das Kapitel 9.

Alle Lernspiele, Übungen, Entscheidungsspiele und Projekte haben sich in der Praxis der Lehre als erfolgreich erwiesen. Die Anleitungen sind als beispielhafte Hinweise zu betrachten und je nach Gruppenstruktur und -erwartungen usw. variabel abzuwandeln und einzusetzen. Sie sollen ermutigen, diese Form des aktivierenden Unterrichts verstärkt zu erproben und einzusetzen.

3.2 Methoden-Mix und Medien-Mix: Vielfalt bringt's!

Die nachfolgende Übersicht von Anforderungen an „gute Ausbildung" wurden von Lernenden genannt und lesen sich wie ein Anforderungskatalog an Methoden und Lernkonzepte innovativer Bildung (Abb. 11).

Wunschzettel der Azubis an eine gute Ausbildung
Von beiden Geschlechtern als prioritär genannte Anforderungen:

1. Aktivierende Methoden (Projektlernen motiviert)
2. Selbstlernen (ja, aber mit Anleitung)
3. Lernen in Zusammenhängen (prüfungsrelevant)
4. Ausbildung für das Leben/die Arbeit
5. **Keine Extrawürste für Frauen, aber:**
6. **Stärkere helfen Schwächeren, unabhängig vom Geschlecht**

Abb. 11: Wunschzettel der Azubis an eine gute Ausbildung (Quelle: Lippe-Heinrich 2010)

Die Lernenden wollen kein überwiegend „verschultes" Lernen mehr, sondern als Akteure in ganzheitliches Praxislernen aktiv einbezogen sein. Zweifellos können die hier zusammengefassten Wünsche aus der Sicht von Auszubildenden auch auf allgemeinbildende Schulen übertragen werden, da hier ja die Grundlagen für die ganzheitliche Kompetenzentwicklung mit umfassender Persönlichkeitsentwicklung gelegt werden sollen.

Analog zu den eingangs zitierten Äußerungen ist in diesem Katalog der explizite Wunsch nach Genderlernen nicht enthalten. Es wird sogar mit der Bezeichnung „Keine Extrawurst für Frauen" abgelehnt. Die Begründung beider Geschlechter hierfür lautet:

„Schwächer können sowohl Frauen als auch Männer sein. Deshalb sollen Stärkere den Schwachen helfen." (Lippe-Heinrich, 2020)

Offensichtlich fühlen sich sowohl Frauen als auch Männer schwach und stark zugleich, denn „zum Teil gehen gute Fähigkeiten in Mathematik nicht einher mit Muskelkraft" (ebd.).

Hinsichtlich der Methoden, welche in ganzheitlichen und gendergerechten Ausbildungsarrangements eingesetzt werden und die von den Lernenden als äußerst relevant erlebt werden, ist eine exemplarische Vielzahl an aktivierenden Instrumenten und Ansätzen zu nennen, die insgesamt betrachtet als Methoden-Mix immer wieder neu auf den Punkt gebracht werden müssen.

Als Ausgangsbasis für die Entwicklung dieser ganzheitlichen Lernarrangements für aktivierendes Lernen durch neue Lernformen und -instrumente sind die folgenden Arbeiten zu nennen:

- Volpert (1971) mit seiner Theorie der Handlungsregulation, d.h. des Lernens in hierarchisch-sequentiellen Abfolgen von Tätigkeiten.
- Winfried Hacker und Volpert (1983), welche die Bedeutung emotionaler Komponenten bei der Erarbeitung von Lernaufgaben betonten,
- Michael Brater (1988), dem das Anliegen der Persönlichkeitsbildung zentral ist und der als einer der prominentesten Vertreter des „entdeckenden Lernens" und der „Selbstorganisation von Lernprozessen" in der deutschen Fachwelt bezeichnet werden kann.
- Diese Liste zentraler methodischer Ansätze ganzheitlichen Lernens ist um die „genderintegrierte Methode" zu ergänzen, welche als ein zentrales Ergebnis des bislang einzigen BIBB- Modellversuchs zur Unterrepräsentanz von Frauen in den neuen IT-Berufen erarbeitet wurde (Lippe-Heinrich, 2008, 2010 und Lippe-Heinrich, 2021 in Grimm, Axel (Hg.), 2021).

Mit der Gesamtheit dieser Theorie- und Forschungsansätze zur beruflichen Bildung ist der Gedanke des lebenslangen Lernens in der Informationsgesellschaft – der VUCA-Welt – verknüpft, der seit etlichen Jahren von der Kommission der Europäischen Gemeinschaften durch immer größer werdende Bildungsbudgets, wie z.B. ERASMUS+ mit 27 Milliarden, gefördert wird. Selbstlernen und entdeckendes Lernen in Einzel- und Gruppenarbeiten sind damit Lernformen, die mit dem Ansatz der Handlungsregulation eng verknüpft sind. Sie führen letztlich zum selbstorganisierten und selbstverantwortlichen Lernen in Projektteams. Diese können in Ausbildungskontext wie auch im Arbeitskontext in einer Vielfalt von methodischen, wie technisch-organisatorischen und funktionalen neuen Gestaltungselementen erfolgen.

Diese neuen Lern- und Arbeitsformen sind letztlich an gelingende Kommunikations- und Interaktionsprozesse in Verbindung mit der Kompetenz zur Selbstwirksamkeit und zur sozialen Interaktion geknüpft, da der Anforderungswandel und auch der Wandel von Wissensbestandteilen und Kompetenzanforderungen so komplex und damit „unplanbar" geworden ist, dass nur funktionierende Teams in der erforderlichen Geschwindigkeit und Präzision bestehen können. Dies alles macht es erforderlich, neue Lernformen und Instrumente, Infrastrukturen und Regeln als sinnvolle Bestandteile des Lernens zu entwickeln. Als exemplarische Beispiele für die Methoden- und Instrumentenvielfalt, welche die gewünschte Form des Lernens bewirkt, ist es gelungen, aus zahlreichen, empirischen Befragungen von Ausbildenden und Personalverantwortlichen eine praxistaugliche Werkzeugkiste zu generieren, geordnet nach Lernmethoden, technisch-organisatorischen Dispositionen und neuer Rolle der Ausbildenden. Die folgende Aufzählung von Maßnahmen und Methoden ganzheitlicher Gestaltung von Ausbildungs- und Lernprozessen erhebt keinen Anspruch auf Vollständigkeit, sondern will lediglich veranschaulichen wie vielfältig und auf wieviel Ebenen sich das „ganzheitliche Lernen" vollziehen kann. Dabei wird auch deutlich, dass ohne den entsprechend angepassten Führungsstil die innovativen und ganzheitlichen Organisations- und Entscheidungsmuster für das Lernen/die Ausbildung und das Arbeiten nicht umgesetzt werden können. Dies zeigt, wie eng verwoben die Gestaltung erfolgreicher Lern- und Arbeitsprozesse in der sogen. VUCA-Welt ablaufen und dass diese Prozesse sich sowohl von den Rahmenbedingungen wie auch vom Technikeinsatz her betrachtet kaum noch unterscheiden. Damit werden neue Anforderungen an einen kooperativen Führungsstil und die neue Rolle der Personalverantwortlichen, aber auch der Lehrenden zu einem zentralen Ausgangspunkt für erfolgreiches Lernen und Arbeiten. Ein paradigmatischer Wandel des Führungsstils und die neue Rolle der Personalverantwortlichen und Ausbildenden verlangen nach umfangreicher Weiterbildung für die neue Rolle hinsichtlich der Vermittlung von Lernprozessen in der Praxis des Lernens und Arbeitens. Geht es doch darum, in flexiblen Führungsformen und flachen Hierarchien die innewohnenden Lernchancen zu nutzen und neue Unternehmensstandards hinsichtlich der Unternehmenskultur zu entwickeln, aber auch deren Umsetzung zu kontrollieren. Nicht zuletzt muss es darum gehen, die lebenslange Chance auf Aus- und Weiterbildung für alle zugänglich machen. Die neuen Aufgaben von Führung beziehen sich wenig auf die Kontrolle geleisteter Arbeit als vor allem auf folgende Aufgaben der Koordination und Führung im zwischenmenschlichen Bereich als Vorbedingung effektiver Leistungsprozesse:

- Intergenerative und selbstverantwortliche Teams zu bilden
- Auf ein gleichberechtigtes Miteinander zu achten (Arbeits- und Lernklima)

- Vorurteile zu bekämpfen und Stereotypen aufzubrechen
- Gleichbehandlung und gleiche Rechte aller achten und überwachen
- Konkrete Maßnahmen für die Gleichstellung im Betrieb entwickeln und durchführen
- Maßnahmen der betrieblichen Arbeitszeitgestaltung und -organisation sowie zur Vereinbarkeit von Familie und Arbeitswelt für beide Geschlechter verankern
- Bereitstellung geeigneter Informationen und Materialien für Selbstlernen
- Bereitstellung von Fachliteratur und ausbildungsbegleitenden Publikationen auf hohem Niveau
- Vom „Besserwisser" zu „Lernbegleitung und Coaching"
- Selbstlernen entwickeln (zunächst häufige Lernkontrollen, dann „lange Leine")
- Selbstkontrolle entwickeln lassen, wo immer möglich
- Teamarbeit anregen und fördern
- individuelle Rückmeldegespräche
- Verantwortung übertragen
- Kooperation der Beteiligten stärken, insbes. Kooperation stärken mit den Prüfungskommissionen, Kammern

Wichtig ist die Feststellung, dass auch in der VUCA-Welt die personalverantwortliche Person unverändert als ein Vorbild gelten soll, da sie in authentischer Weise die Leitsätze der flexiblen und selbstbestimmten Unternehmensführung mit Leben erfüllen sollen.

WERKZEUGE FÜR GANZHEITLICHE AUSBILDUNGSARRANGEMENTS IN PROJEKTEN

Ziel: ganzheitliches Lernen und ganzheitliche Leistungserbringung, selbstbestimmtes und lebenslanges Lernen in und für lebenslanges Lernen und Arbeiten in der VUCA-Welt

Lernmethoden:

Einüben und Entwicklung des Einsatzes aktivierender Methoden, wie z. B.

- Binnendifferenzierung und Brückenkurse für Schwächere
- Duale Lernformen
- Inhaltliches Einbeziehen der lernenden Personen in die Gestaltung und Erarbeitung der konstruktivistische Lernaufgaben und -prozesse sowie -arrangements
- Keine Scheinaufgaben

- Lernen in realen Aufgabenstellungen
- Lernen in der Praxis/am Arbeitsplatz in prozessübergreifenden Aufgabenstellungen
- Spielerische Lernformen (Rollenspiele, Simulationen, Übungen, Story-Telling)
- Methodenmix von traditionellen und innovativen Lernformen (vom Frontalunterricht im Plenum und 3-Schritt-Methode (Vormachen – Nachmachen – Üben) zur Gruppenarbeit in kleinen Teams und 4-Schritt-Methode bzw. entdeckendes, selbstorganisiertes Lernen
- Großgruppen moderieren und anleiten
- Fähigkeiten zur Reflexion und Artikulation stärken

Motivation fördern durch

- Eigenkontrolle stärken
- Gender-integriertes Lernen und Gleichwertigkeit aller
- Spaßfaktor schaffen und erhöhen
- Selbstlernen und „entdeckendes Lernen“
- selbstorganisierte Lernprozesse
- lebenslanges Lernen und
- Ganzheitliche Kompetenzentwicklung
- Selbstwirksamkeit erhöhen durch Akzeptanz alternativer Verhaltensmuster
- Technische Infrastruktur auf dem Stand der Technik

Technisch-organisatorische Dispositionen:

- Lernen in kleinen Arbeitsgruppen
- Lernen in realen Aufgaben und Aufträgen
- An Austauschprogrammen teilnehmen
- Gastdozenten einsetzen und zusätzliche Beratungsangebote nutzen (z. B. Kammern, etc.)
- Informationstage (Tage der Berufsausbildung zur Orientierung nutzen)
- Lernen in Projekten
- Lernen durch Hospitationen
- Lernen durch Praktika
- Lernen durch Betriebsbesuche und „Vor-Ort-Recherchen“
- Projektwochen und Praxisphasen wechseln sich ab
- Ausbildungsverbund
- Schnupperkurse
- Technische Infrastruktur auf dem Stand der Technik

- Lernen und Arbeiten im Medienmix (Lehrbücher, Internet, Präsenz- und Fernlehre)

3.3 Hinweise für gendergerechtes Lernen in Gruppen

Alle folgenden Spiele und Übungen können in Großgruppen von bis zu 30 Personen gespielt werden und haben sich vielfach bewährt. Dabei ist wesentlich, dass für das Rollenspiel jeweils Kleingruppen gebildet werden sollen und der Erfahrungsaustausch zu den jeweiligen Spielen in der Großgruppe/im Plenum erfolgt.

Die folgenden Rollenspiele werden in Kleingruppen von max. 3–4 Spielenden vorbereitet und durchgeführt. Zur Gruppenbildung der Kleingruppe dient der Abzählmodus, der in Spiel 1-2-3-4 beschrieben wird. Die gleichen Ziffern bilden eine Kleingruppe.

Damit wird diese Gruppe spontan und willkürlich zusammengesetzt. Niemand kann sich seine Partner aussuchen. So wird sichergestellt, dass sich Personen in einer Gruppe begegnen, die sich noch nicht kennen. Jeweils zwei Personen übernehmen die aktive Rolle der Spielenden. Ein oder zwei Personen, ggf. auch jede, die sich noch nicht zutrauen, aktive Rollen zu übernehmen, übernehmen die Rolle des stillen Beobachtenden während der Aufführung des Spiels, der/die registriert, wie sich der Spielverlauf entwickelt. Diese Begleitperson kann in der Spielentwicklung in der Kleingruppe aktiv mitarbeiten, aber sie sollte auch notieren, welche geschlechtsspezifischen Verhaltensmuster auffallen und wie sich Entscheidungsverläufe entwickelt haben. In diesem Zusammenhang ist auch relevant, wie sich dominantes Verhalten oder Empathie in der Arbeitsgruppe gezeigt und entwickelt hat.

Was die Rolleninterpretation während des Spiels angeht, so sind mehrere Variationen des Gender-Duos möglich:

- Männer spielen Männer und
- Frauen spielen Frauen
- Frauen spielen Männer und
- Männer spielen Frauen

Der Rollentausch ermöglicht es, die Anzahl der Rollenspiele bei Bedarf zu verdoppeln, da sich hier immer wieder neue und facettenreiche Aspekte im Spiel ergeben.

Wie die Spielenden das Spiel verbal und inhaltlich ausgestalten, bleibt ihnen überlassen. Es werden lediglich die Aufgaben für die Spiele ausgeteilt, die Gruppe hat völlig freie Hand in der Gestaltung des Spiels und der Erzählung.

Das Spielen einer Rolle des anderen Geschlechts ist eine bleibende Erfahrung bei jeder Person. Erfahrungsgemäß treten in den Präsentationen der Ergebnisse gängige Stereotypen zutage, die es zu benennen und zu thematisieren gilt, ohne das Spiel zu personalisieren.

Es ist die Aufgabe der Beobachtungsperson herauszufinden, welche Rolle gespielt wird und welche geschlechtsspezifischen Verhaltensmuster zutage treten. Es ist klar, dass auch hier sowohl soziale wie auch hierarchische und Querschnittsmerkmale von bestimmten Gruppen Aspekte miteingebracht werden, wenn z.B. die Rolle der Vorstandsvorsitzenden gespielt wird oder die Rolle eines Migranten bzw. eines ehrgeizigen Familienvaters.

Spielregeln für gleichberechtige, erfolgreiche Zusammenarbeit von unterschiedlichen Personen in einem Team

Das Ziel dieser Regeln ist es, eine erfolgreiche Teamarbeit zu ermöglichen und in der Zusammenarbeit von Männern wie Frauen eine gleichberechtigte Zusammenarbeit herzustellen, in der jede Person ihre Leistung angstfrei, transparent und selbstbewusst einbringen kann. Die Leistungen von Frauen sollen sichtbar zutage treten.

Daher werden zu Beginn der Zusammenarbeit in einem Projektteam oder der Arbeitsgruppe klare Regeln definiert für die Zusammenarbeit der Gruppenmitglieder und der Leitung, nicht nur was die reibungslose Zusammenarbeit angeht, sondern darüber hinaus:

- Alle Anwesenden werden gleichermaßen angesprochen. Es wird keine Sprache verwendet, die sich nur an männlichen Standards und Verhaltensnormen orientiert.
- Geschlechterstereotypen in Ansprache, Bildern, Ton und Gestaltung von Unterrichtsmaterialien werden nach Möglichkeit vermieden. Wenn ein bestimmtes Geschlecht gemeint ist, dann wird die entsprechende Ansprache gewählt.
- Für den Umgang mit Fehlern gilt: Alle haben ein Recht auf Fehler und werden dafür nicht sanktioniert. Dies ist wichtig, um Vertuschen zu vermeiden und die Lernchancen zu nutzen, welche in den Fehlern liegen.
- Weitere Regeln betreffen die Arbeitsteilung in der Gruppe, die Pausenregelungen und die Vertretung der Gruppe nach innen und außen (Sprecherwahl)
- Gleiches Rederecht für alle heißt einander zuhören und sich mitteilen
- Alle haben 100% Recht. Jedes Team-Mitglied wird ernst genommen
- Jeder ist für seine übernommenen Aufgaben verantwortlich und beschafft sich seine Infos selbst

- Alle sollen angstfrei lernen und haben das Recht, „echte“ Fragen zu stellen
- Störungen werden zeitnah geklärt und
- Missverständnisse werden sofort beseitigt
- Minderheiten werden berücksichtigt und genießen gleiche Rechte
- Alle Vereinbarungen sind verbindlich für alle Personen des Teams

Hinsichtlich des Trainings eines gleichberechtigten Miteinanders von Mädchen und Jungen bzw. Frauen und Männern in der Gruppe gilt:

- Kein Geschlecht darf bevorzugt oder benachteiligt werden.
- In der Ausbildung machen alle alles. Dies verhindert, dass sich die Einzelnen auf Anforderungen zurückziehen, die sie bereits gut beherrschen und dann andere, wesentliche Teile der Aufgaben ausblenden.
- Es werden keine frühzeitigen Spezialisierungen zugelassen, die aus geschlechtsspezifischen Zuschreibungen resultieren (so z.B. schreiben Frauen oft Protokoll und die Jungen treten gern als Sprecher nach außen auf).
- Es werden keine stereotypen Zuweisungen von Aufgaben an Einzelne zugelassen, dgl. werden keine stereotypen Arbeitsteilungen in der Gruppenarbeit geduldet. Protokolle sind z.B. auch von Männern anzufertigen.
- Rede- und Präsentations-Beiträge können nicht delegiert werden, d. h. jedes Team-Mitglied hat Ergebnisse der Arbeit im Plenum zu vertreten.
- Jede Person vertritt von Anfang an ihre Arbeitsergebnisse in den Gremien, unabhängig vom Geschlecht. Dies ist nötig, weil Frauen aus Unsicherheit oft dazu neigen, ihre Arbeitsergebnisse an andere zu delegieren, sodass nicht deutlich wird, welches ihr Anteil daran war.
- Nach Abschluss der Spiele wie der Übungen, der Lern- und Arbeitsaufgaben ist eine gemeinsame Reflexion erforderlich, welche die folgenden Fragen thematisiert:

Wo gab es Probleme und Barrieren in der Arbeitsteilung, im Gruppenprozess, beim gleichberechtigten Miteinander und wie konnten diese überwunden werden? Wurde Chancengleichheit erzielt und wurden Minderheiten wertschätzend behandelt und respektiert?

Merke: Ganzheitliche, auf Gleichstellung zielende und gendergerechte Lernarrangements berücksichtigen im Einzelnen die aktuelle Ausgangslage und das Vorwissen der teilnehmenden Personen, aber auch die Branche, die Unternehmenskultur, fachliche und fachübergreifende Anforderungen von Aufgabenstellungen an die Beteiligten, aber auch das soziale Klima, die eingesetzten Methoden der Vermittlung, Sprache und Sprachstil sowie die Körpersprache als integrierte Komponenten der Gestaltung.

Im Zweifelsfall werden mit einzelnen Personen, die von diesen Regeln abweichen, persönliche Einzelgespräche geführt, denn es gilt: Coachen geht vor Konfrontieren, aber Sprache und Auftreten sollen stimmen!

3.4 Anmerkungen zur geschlechtsspezifischen Interaktion in Gruppen

Zu den Befunden der teilnehmenden Beobachtung von gemischt-geschlechtlichen Ausbildungsgruppen mit unterschiedlichem Frauenanteil ist anzumerken, dass ein Vergleich der Gender-Interaktion in den einzelnen Teams und Gruppen nur fragmentarisch und im Ansatz möglich war, da die teilnehmende Beobachtung nur mit einer geringen Personalausstattung nicht während aller Ausbildungseinheiten durchgängig anwesend und präsent sein konnte. Die folgenden Anmerkungen sind als Fazit der wissenschaftlichen Begleitung mit dem Instrument der teilnehmenden Beobachtung von drei unterschiedlichen Ausbildungsgruppen zu betrachten. Die Gruppen hatten jeweils einen

a.) Frauenanteil von 50%
b.) Frauenanteil von 25%
c.) Frauenanteil von unter 10%

Als Fazit kann die These nicht bestätigt werden, dass gemischte Gruppen besser arbeiten als rein homogene Männer- oder Frauengruppen. Es kann lediglich die These als bewiesen gelten, dass bei einem geringen Frauenanteil in den Teams die Frauen eher in eine defensive Gruppenrolle kommen und entweder als Leitung zum agilen Gruppenmaskottchen mutieren oder aber um keinen Preis auffallen wollen. Zweitens kann auch vor allem nicht die These bestätigt werden, dass Frauen kollegialer arbeiten als Männer. In einer Gruppe, die von einer Frau geleitet wurde, war auffällig, dass gerade eine andere Frau, die ihr eigentlich als Gruppenmitglied untergeben war, stark gegen sie opponierte, andere auf ihre Seite zog und durch diese Polarisierung das Gruppenergebnis in Gefahr brachte. In einer anderen Gruppe, die von einer Frau geleitet wurde, ist bei den selbstgesetzten Gruppenregeln für die Zusammenarbeit auffällig, dass zwar gleiches Stimmrecht für alle beansprucht wurde, aber neben einer Vielfalt kooperativer Elemente auch mehr autoritäre Elemente eingebaut wurden (z. B. bei Streitigkeiten entscheidet die Team-Leiterin). Darüber hinaus wurde die Anwesenheitspflicht vom Team festgeschrieben, das Einhalten von Umgangsformen (Aussprechen lassen, zuhören, konstruktive Kritik geben) und das Einhalten von Zeitplänen. Weiterhin wurde als Gruppenregel konstituiert, dass alle verfügbaren Informationen an alle Gruppenmitglieder weitergegeben werden und die Arbeitsaufteilung nach einer entsprechenden Sondierung von

Stärken und Schwächen der einzelnen Team-Mitglieder erfolgt. Eine kooperative Gruppenstruktur wurde ebenso von den anderen Teams mit männlicher Leitung angestrebt und von den einzelnen Gruppen in der Konstituierungsphase eigenständig erarbeitet.

Aufschlussreich war jedoch, dass die reine Männergruppe spielerisch und entspannt arbeitete, wobei es zu einer beobachtbaren, überaus kollegialen Arbeitsatmosphäre kam und zu einem lebhaften, sehr gekonnten Rollenspiel. Diese sogen. Männergruppe (Plan B) arbeitete augenscheinlich sehr viel entspannter als die gemischten Gruppen mit sehr wenigen Frauen. Sie wies in ihrer Interaktion viele Elemente einer guten Gruppenarbeit auf. Ihre selbstdefinierten Teamregeln umfassten dezidiert: Respekt, Höflichkeit, Pünktlichkeit, Demokratie, positives und negatives Feedback sofort geben an den Team-Sprecher, Handyverbot in den Meetings und Kunde ist König.

Als Fazit aus den teilnehmenden Beobachtungen kann festgehalten werden, dass es unterhalb eines Frauenanteils von 25 % eine sehr angespannte und wenig angenehme Situation für die Frauen in den Gruppen gab, da diese sich deutlich defensiv und auffällig unauffällig verhielten. Die Mehrzahl der in den Gruppen vertretenen Männer hingegen hatten in allen Gruppen kein Problem, die nach außen gerichteten Sprecherrollen zu beanspruchen.

Dies lässt weiterhin den Schluss zu, was u. a. die teilnehmende Beobachtung von gemischten Lern-Gruppen mit unterschiedlichem Frauen- und Männeranteil ergab, dass nämlich ein geringer Frauenanteil dazu führt, dass Frauen eher defensiv und auffällig bemüht sind sparsam zu agieren, um nicht unangenehm aufzufallen, was aber ihre wahre Leistung für das Gruppenergebnis „unsichtbar" macht. Es scheint somit eine wesentliche Erfolgsvariable für die Beteiligung von Frauen zu sein, dass diese in ausreichender Anzahl und in paritätischer Weise in Gruppenprozessen vertreten sind.

Hierin liegt ein Hinweis verbogen, dass diese Phänomene besondere Anforderungen an die Zusammensetzung von Lern- und Arbeitsgruppen stellen, wie auch in der betrieblichen Personalarbeit an die Rekrutierung von Personal und die Gestaltung von Personalauswahlprozessen.

3.5 Überlegungen zur Durchführung der Spiele in Zoom und Präsenz

Alle Spiele und Übungen sind mehrfach erprobt und es hat sich gezeigt, dass sie sich sowohl in der Form des Präsenzlernens wie des digitalen Lernens in Klein- und Großgruppen durchführen lassen. Die Praxis zeigt, dass insbes. die Lernenden sehr große Freude und Spaß an den Spielen entwickeln, sobald die ersten Spielversuche durchgeführt wurden.

Hinsichtlich des **Präsenzlernens** gibt es einen erhöhten Raum- und Platzbedarf, da sich ansonsten die Arbeitsgruppen akustisch behindern und die Spielentwicklung verzögert wird, wenn es um die Diskussion und assoziative Erarbeitung der Rollen und des Spielverlaufs für Rollenspiele, Übungen und Projekte geht.

Die Gruppenbildung von **virtuellen Kleingruppen** kann zunächst per Zoom willkürlich erfolgen, d. h. automatisch nach Angabe der Anzahl vom System zuzuweisender Teilnehmer-/Innen. Zu einem späteren Zeitpunkt, wenn die Gruppenbildung vorangeschritten ist und die Gruppe sich weitgehend gefunden hat, können die Kleingruppen auch per Namensliste mit Zoom vom Host/der Lehrperson zugewiesen werden. Dabei können Hostrechte an die Teilnehmenden geteilt und abgegeben werden hinsichtlich der Teilung des Bildschirms usw. Damit werden die Arbeitsgruppen relativ autark und können frei arbeiten, wie es der Intention entspricht. Bei Bedarf kann sich die Gruppe beim Host melden und Fragen stellen. Der Host kann sich überdies jederzeit zuschalten, sodass die Arbeitsgruppe in jeder Hinsicht binnendifferenziert, frei und zugleich betreut und mit Anleitung arbeiten kann. Dies kann je nach dem Entwicklungsstand der Gruppe erfolgen.

Im Störungsfall, wenn z. B. Teilnehmende aus technischen Gründen „herausfliegen“, können sie jederzeit zur Hauptgruppe zurückkehren und vom Host wieder in die jeweilige Arbeitsgruppe zugewiesen werden.

Lock-Down-Relevanz: Der Vorteil einer Kombination von Zoom-Seminar und autonomen Lernformen besteht darin, dass zu einem beliebigen Zeitpunkt, wenn die nunmehr gefestigte Kleingruppe die Möglichkeit hat sich räumlich und persönlich zu treffen, jederzeit eine persönliche Arbeitsgruppensitzung zu thematisch gemeinsam erarbeiteten Schwerpunkten verabredet werden kann. Die besondere „Lock-Down-Relevanz“ ergibt sich aus der Tatsache, dass sich die Kleingruppen von zwei und drei Lernenden nicht nur virtuell austauschen, sondern später auch persönlich im Garten oder „irgendwo an der frischen Luft“ treffen können, sei es im Garten oder als Mini-AG in Arbeitsräumen mit 2 m Abstand und Maske.

Auf diese Weise können hervorragende, kollektive Leistungsnachweise erarbeitet werden, die anschließend in einer Großgruppe präsentiert und diskutiert werden können. So ist es nicht nur möglich, die soziale Isolation von Seminarteilnehmenden in der Situation der Fernlehre/Pandemie aufzubrechen und weitgehend gefahrlos das selbstorganisierte und entdeckende Lernen auch ohne die Anwesenheit der Lehrperson zu strukturieren und zu fördern. Selbstverständlich werden die Arbeitsergebnisse der Kleingruppen wieder ins Plenum eingebracht, sodass sich alle Lernenden in der Groß- und Kleingruppe austauschen und optimale Wissens- und Lernfortschritte erzielen können, sowohl hinsichtlich kognitiver wie sozialer Lernziele. Dies stärkt zusätzlich die Motivation des Einzelnen wie auch der Gruppen, selbst- und eigenverantwortlich zu lernen und zu arbeiten.

Grundsätzlich sind verbindliche Regeln bei Zoom-Schulungen mit interaktiven Elementen zu klären. Sie sollen zu Beginn der Schulung mit den anwesenden Personen besprochen werden. Diese Regeln dienen der Schaffung von Transparenz für die Lernenden und die Lehrenden, aber auch zur Vermeidung von Motivationsverlusten und „schwarzen Kacheln", welche dazu führen, dass eine Schulung wie das Fernsehprogramm an den Teilnehmenden „vorbeirauscht". (Notizen aus der Zoom-Schulung für Fortgeschrittene, 17.3.2021 – Leuphana Lehrservice: Dr. J. Webersiek/Dr. J. Gurr)

Regel 1: Klärung der Sichtbarkeit mit Aufforderung an die Teilnehmenden: „Kacheln an: Dies ist eine Live-Session"

Regel 2: Ton kontrollieren. Während des Unterrichts „aus", nur „an", wenn selbst gesprochen wird

Regel 3: Hand heben für Wortmeldungen

Regel 4: Reaktion: Daumen hoch, ja/nein usw.

Regel 5: Klären, wie die Chat-Funktion für Teilnehmer-Kommentare genutzt werden soll

Regel 6: Tages-Programm und Zeitstruktur im Überblick behalten

- Regelmäßige Pausen ansagen und durchführen (15 Min. pro h), 1 UE = 45 Min.
- Mittag ca. 1 Std. für Seminare ab 4 Std.
- Bewegungspausen (3 x um Stuhl herumlaufen oder in der Pause um das Haus, usw.)

Regel 7: Wahl eines Co-Hosts (rechts ...) für jede Sitzung (Beobachtung Chat oder Einhaltung Pausenregelung): dies aktiviert Lerneffekte und wirkt motivationsfördernd

Regel 8: Methodenmix einsetzen (analoge und digitale Übungen mischen, Visualisierungen)

Regel 9: Klären, wo sich ggf. die Seminarunterlagen für die Nacharbeitung befinden

Regel 10: Regelmäßig Feedback einholen, Umfragefunktion für Feedback nutzen oder direkte Abfragen durchführen, ggf. Evaluationen durchführen und Ergebnisse im Plenum besprechen

Regel 11: Investieren in gemeinschaftsbildenden Aktivitäten (Gruppenbildung, Persönliche Vorstellung, Abschlussfeiern usw.)

Regel 12: Arbeit in Kleingruppen: Break-Out-Rooms für selbständiges Lernen nutzen: Eine beliebige Zuordnung von Studierenden erfolgt automatisch, wenn die erwünschte Anzahl der Gruppen eingetragen wurde. Eine Anzahl von 3–4 Personen sollte nicht überschritten werden
Regel 13: Wenn neue Gruppen gebildet werden sollen, dann müssen die breakout-Räume neu erstellt werden. Gezieltes Zuweisen kann durch den Host namentlich erfolgen oder eigenständig durch die Lernenden nach Themen von Schwerpunkten, Arbeitsgruppen, Aufgaben, usw.
Regel 14: Lernende um aktive Unterstützung bieten, sei es als Co-Host oder in technisch-organisatorischer Hinsicht bzw. zur Erinnerung an gemeinsame Pausen
Regel 15: White-Board für gemeinsames Brainstorming im Plenum nutzen, Mindmapping ausführen
Regel 16: Rollenspiele und Übungen in Break-Out-Sessions (genug Zeit einplanen)
Regel 17: Fallbeispiele in Kleingruppenarbeit/Break-Out-Sessions erarbeiten lassen nach Stichwortvorgabe und Fragestellung
Regel 18: Teilnehmende formulieren ihre Statements in der Kleingruppe, das aktive Publikum schaltet sich ein und dann wird gemeinsam in der großen Runde/dem Plenum reflektiert
Regel 19: Pro- und Contra-Diskussionen in Kleingruppen führen, dann im Plenum die Argumente einsammeln und anschließend gemeinsam eine Synthese/ein Fazit erarbeiten
Regel 20: Langeweile vermeiden, indem bei Präsentationen nach wenigen Folien eine Frage an die Teilnehmenden gestellt wird, die im Chat beantwortet werden soll oder zur Auflockerung ein Video eingeblendet wird, s. hierzu insbes. Methodenmix
Regel 21: Aktive und konstruktive Pausenkultur einhalten, z.B. alle 45 Minuten eine Pause durchführen oder eine gemeinsame Kaffeepause ansetzen/ggf. Bewegungspausen durchführen

(Quelle: Lippe-Heinrich 2022, nach http://www.digi-support@leuphana.de [28.4.2021, 16:15])

4 Kennenlernspiele und Spiele in der Eröffnungsphase

Das nachfolgende Kapitel enthält Spiele und Übungen, die zu Beginn eines Seminars eingesetzt werden, damit sich a.) die Teilnehmenden näher kennenlernen und b.) das Spielen in der Gruppe eingeübt werden kann. Es dient sozusagen dem „Warmlaufen" in der Eröffnungsphase und verfolgt bei allen exemplarischen Spielen folgende Ziele:

- Bewusstwerdung geschlechtsspezifischer Prägungen und Entwicklung der personalen Kommunikations- und Interaktionskompetenz
- Findung und Konstituierung von thematischen Arbeitsgemeinschaften in Kleingruppen von max. 4 Personen
- Jede Person soll den Beruf ergreifen, für den sie Motivation hat und geeignet ist, unabhängig von geschlechtsspezifischen Berufs- und Lebensrollen.
- Bewusstwerdung von geschlechtsspezifischen Stereotypen bei der Berufswahl zur Infragestellung von traditionellen Berufswahlmustern
- Reflexion und Austausch über Geschlechterrollen in Familie, Arbeitswelt und Gesellschaft, aber auch die Zukunft von Familie und Elternschaft
- Identifikation persönlicher Bedürfnisse und Wünsche für die Zukunft unabhängig vom Geschlecht und vom aktuellen sozialen Status
- Indirekt: Abschaffung des sogen. Gender-Gaps bei den Verdiensten, des Renten-Gaps und der daraus resultierenden Altersarmut von Frauen
- Einüben von Rollenspielen durch Beobachterstatus für zögerliche Teilnehmende

Methode:

- Rollenspiel mit Präsentation im Plenum. Zurückhaltende Personen werden ermuntert mitzuspielen, ggf. ist ein Präsentationstraining anzubieten
  - (Erarbeitung ca. 25 Min. durch Gruppe von 2–3 Personen und ca. 5–10 Minuten Präsentation im Plenum)
- Interpretation und Reflexion des Spiels durch die Anwesenden
- Freiwilligkeit der Präsentation. Es ist nicht auszuschließen, dass einzelne Personen, insbes. junge Männer, die nachfolgenden Rollenspiele in der „Haut des anderen Geschlechts" als Verunsicherung erfahren. Daher sollten alle Präsentationen durch Freiwillige erfolgen und niemand gezwungen werden mitzuspielen. Datenschutz und Mobile-Verbot

4.1 Gruppenbildung mit Unbekannten durch Abzählen

Ziel:

- Kennenlernen bislang unbekannter Personen
- Erleichterung des persönlichen Kennenlernens zur Gruppenfindung nach thematischen Schwerpunkten
- Aufteilung einer großen Gruppe in arbeitsfähige Kleingruppen
- Aufbrechen von vorhandenen Gruppenstrukturen
- spontane Kleingruppenbildung

Aufgabe:

- Je nach Gruppenstärke wird der Reihe nach durchgezählt 1-2-3-4 usw. Alternativ dazu kann auch die Seminarleitung willkürlich durchzählen, sodass völlig unvorhersehbar neue Gruppen entstehen.
- Es finden sich die Personen in einer Gruppe zusammen, welche die gleiche Zahl benannt haben. Alle Personen mit der gleichen Zahl gehen in eine Arbeitsgruppe.
- Mitunter bestehen Vorbehalte und Berührungsängste in den Großgruppen, weil sich anfangs die meisten nicht persönlich kennen, sodass ein erstes Kennenlernen durch Kleingruppenbildung sinnvoll ist bzw. die Formation von Gender-Duos aktiv unterstützt werden sollte. Auch diese Maßnahme erweist sich meist als belebend und aktivierend für die Entwicklung einer guten Lernatmosphäre!

Methode:

- Bildung „gemischter“, arbeitsfähiger Kleingruppen.
  Beispiel: Bei einer Gruppenstärke von 30 Personen und der beabsichtigten Bildung von Gruppen je 6 Personen ist immer 1-2-3-4-5 durchzuzählen. Dies ergibt 5 Kleingruppen. Diese Gruppenstärke ist beliebig variabel.

Quelle: Wellhöfer, Peter R.: Gruppendynamik und Soziales Lernen, Theorie und Praxis der Arbeit mit Gruppen, Stuttgart 1993

4.2 Gender-Duo

Ziel:

- Identifizieren und Erkennen von männlichem und weiblichem Rollenverhalten
- Sensibilisierung und Orientierung für geschlechtsspezifische Stereotypen
- Kennenlernen von Vorurteilen und Einüben neuer Rollenmodelle
- Perspektivwechsel hinsichtlich von Geschlechterrollen und Verhaltensweisen
- Stärkung der Soft Skills, insbes. personaler und kommunikativer Kompetenzen, inkl.
- Orientierung hinsichtlich gendergerechten Verhaltens
- Hinterfragen und Bewusstwerdung geschlechtsspezifischer Stereotypen

Aufgabe:

Finden Sie sich in Zweier-Gruppen zusammen, die nach Möglichkeit aus je einer männlichen und einer weiblichen Person bestehen.

Dabei spielen die Jungen/Männer den männlichen Part der Aufgabe und die Mädchen/Frauen den weiblichen Part und zwar aus der Perspektive, die sie einnehmen wollen.

Achtung: Handy-Verbot für alle und strikte Einhaltung des personenbezogenen Datenschutzes!

Methode:

- Erfahrungslernen
- Freiwilligkeit zur Übernahme einer Rolle
- Genderintegriertes Lernen
- Gemeinsame Reflexion von geschlechtsspezifischen Verhaltensweisen im Plenum
- Stärkung der Kompetenz zur Kommunikation und Interaktion in einer gemischt-geschlechtlichen Gruppenkonstellation

Quelle: Lippe-Heinrich nach „Double trouble or dynamic duo? Co-Leadership goes mainstream, http://www.politico.eu/article/leadership-duos-draft-power-sharing [25.12.2021, 20:30]

4.3 Rollentausch im Gender Duo

Quelle: Wellhöfer, Peter R.: Gruppendynamik und Soziales Lernen, Theorie und Praxis der Arbeit mit Gruppen, Enke, Stuttgart 1993

Ziel:

- Identifizieren und Erkennen von männlichem und weiblichem Rollenverhalten
- Sensibilisierung und Orientierung für geschlechtsspezifische Stereotypen
- Kennenlernen von Vorurteilen und Einüben neuer Rollenmodelle
- Perspektivwechsel hinsichtlich von Geschlechterrollen und Verhaltensweisen
- Stärkung der Soft Skills, insbes. personaler und kommunikativer Kompetenzen, inkl.
- Orientierung hinsichtlich gendergerechten Verhaltens
- Hinterfragen und Bewusstwerdung geschlechtsspezifischer Stereotypen

Aufgabe:

Der Rollentausch ist in jede der folgenden Aufgabenstellungen zu integrieren, sodass jede Aufgabe aus der Perspektive des jeweilig anderen Geschlechts gespielt werden kann. Es ist deutlich wahrzunehmen, wie die jeweilige Rolle die geschlechtsspezifische Interaktion prägt.

Achtung: Handy-Verbot für alle und strikte Einhaltung des personenbezogenen Datenschutzes!

Methode:

- Männer spielen die Frauenrolle und
- Frauen spielen die Männerrolle bzw.
- Genderintegrierte Aufgabenstellung lösen aus der jeweils anderen Perspektive
- Erfahrungslernen
- Freiwilligkeit zur Übernahme einer Rolle
- Genderintegriertes Lernen
- Gemeinsame Reflexion von geschlechtsspezifischen Verhaltensweisen im Plenum
- Stärkung der Kompetenz zur Kommunikation und Interaktion in einer gemischt-geschlechtlichen Gruppenkonstellation

Quelle: Lippe-Heinrich 2020

4.4 Kennenlernen durch die Sinne

Ziel:

- Eröffnungssequenz zur Gestaltung des Seminarauftakts
- persönliches Kennenlernen der Teilnehmenden in der Gruppe
- Stärkung der Kompetenzen zur Kommunikation und Interaktion
- Stärkung der Motivation zum Lernen und Arbeiten
- Bildung von thematisch zentrierten Kleingruppen und
- ggf. Unterstützung der Findung von Arbeitsgruppen für die Erarbeitung von Leistungsnachweisen bzw. das Lernen und Arbeiten in Projekten

Aufgabe:

- Paare bilden
- Anschließend gegenseitig interviewen
- Gegenseitige Vorstellung, wobei der/die eine den/die andere in der Ich-Form darstellt.

Methode:

- Bildung von Paaren
- Intensiv-Interviews auf Gegenseitigkeit
- Erprobung von Fragetechniken (W-Fragen mit Bezug zum Seminarthema)

Achtung: Handy-Verbot für alle und strikte Einhaltung des personenbezogenen Datenschutzes!

Quelle: Wellhöfer, Peter R.: Gruppendynamik und Soziales Lernen, Theorie und Praxis der Arbeit mit Gruppen, Enke, Stuttgart 1993

4.5 „Alle sind gleich, doch manche sind gleicher …"

frei nach Georg Orwell, Animal Farm

Ziel:

- Förderung der Empathie
- Einstimmung auf das Thema und Erkennen der Bedeutung von Herkunft
- Erkennen, wie die soziale Wirklichkeit durch Ungleichheit geprägt und bestimmt wird.
- Sensibilisierung für die ungleiche Verteilung von Ressourcen
- Erkennen, dass Herkunft und Ressourcen die Chancen Einzelner bestimmen.

Die Teilnehmenden erleben bei diesem Spiel die Bedeutung ungleicher Lebensbedingungen und Restriktionen durch fehlende materielle Mittel.

Aufgabe:

Dies ist ein Spiel für große Gruppen bis zu max. 15–20 Teilnehmenden (Spielzeit je nach Gruppenstärke: ca. 45 Minuten).

Die Einzelnen stellen sich in einem großen Raum in einer Reihe nebeneinander auf und erhalten jeweils eine kleine Regieanweisung über ihren eigenen Status in der Spielsituation. Sie haben darüber Stillschweigen zu bewahren.

Wenn alle wissen, welche Rolle sie spielen sollen, erfolgt die Anweisung, jeweils einen Schritt nach vorne zu treten, sofern die jeweiligen Ansagen zutreffen. Die anderen bleiben stehen, wenn ein Sachverhalt aufgerufen wird, der nicht auf ihre Rolle zutrifft.

Nach kurzer Zeit sind Einzelne durch den ganzen Raum gelaufen und ganz vorn angekommen. Ein kleines Mittelfeld verteilt sich im Raum, aber die Mehrheit bleibt zurück. Es wird deutlich sichtbar und für jeden wahrzunehmen, dass die Chancen in der Gesellschaft auf Gleichheit und Erfolg ungleich verteilt sind.

Es erfolgt eine kleine Auswertung, wie sich die Teilnehmenden fühlen, was ihre Rolle war und warum sie ggf. nicht vorwärtsgekommen sind.

Rollen-Instruktionen (Anmerkung: die einzelnen Instruktionen werden an die Teilnehmenden verteilt als geheime, kleine Rollen, welche vorab auf Papier ausgedruckt und ausgeschnitten wurden):

- Du bist über 17 Jahre alt und schwanger bzw. ein werdender Vater und hast wenig Unterstützung von zuhause.
- Du bist die Tochter des örtlichen Bankdirektors, der gut verdient.
- Deine Eltern sind länger schon arbeitslos und Du musst zum familiären Budget etwas beitragen, damit ihr genug zu essen habt.
- Du bist eine behinderte junge Frau/ein behinderter junger Mann und sitzt im Rollstuhl.
- Du bist Sohn/Tochter eines Migrantenpaares, welches seit 20 Jahren in Deutschland lebt, aber kaum Deutsch spricht und sehr isoliert lebt.
- Du hast in Deinem Elternhaus viel erlebt und bist von zuhause weggelaufen. Seitdem lebst Du auf der Straße.
- Du willst studieren, aber Deine Eltern wollen lieber, dass Du einen Beruf erlernst und früh eigenes Geld verdienst.
- Du lernst gerne Sprachen. Es ist kein Problem für Dich, mehrwöchige Sprachkurse und Aufenthalte im Ausland zu bewerkstelligen.
- Deine Eltern besitzen das örtliche Gasthaus. Du sollst es in absehbarer Zeit übernehmen.
- Du bist mit Deiner Familie illegal in ein reiches Land eingewandert und lebst seitdem in der Furcht, abgeschoben zu werden.
- Du willst gern eine betriebliche Ausbildung machen, hast aber keinen Schulabschluss.
- Deine Eltern haben eine gutgehende Kanzlei, welche Du später einmal übernehmen kannst.
- Deine Eltern leben von Hartz IV und Ihr habt oft kaum noch das Nötigste.
- Du bist mit 12 Jahren von zuhause weggelaufen und obdachlos.
- Du hast einen behinderten Bruder, der von Dir viel Zuwendung verlangt.
- Du bist gut in der Schule, aber Deine Eltern wollen nicht, dass Du mal studierst. Sie sagen, Du heiratest ja doch ...
- Du bist hochmotiviert für eine Ausbildung, aber Deine Eltern meinen, dass es reicht, wenn Du eine Anlernausbildung machst.
- Deine Geschwister sind noch klein und Du musst immer auf sie aufpassen.
- Deine Eltern haben einen kleinen Laden, der völlig überschuldet ist.
- Du hast eine chronische Krankheit, die Dich an den Rollstuhl fesselt.

- Von Geburt an bist Du blind, sodass Deine Möglichkeiten einen Beruf zu erlernen eingeschränkt sind.
- Deine Eltern sind sehr streng mit Dir. So z.B. gehen Deine Freunde am Wochenende aus, aber Deine Eltern verbieten es Dir. Auch wollen sie Deine Berufswahl und Ausbildung bestimmen.
- Du bist schwul, aber es soll keiner wissen und daher bist Du oft deprimiert und in Gefahr, zum Außenseiter zu werden.
- Du hast das Abitur nicht geschafft, weil Du nicht die nötige Disziplin aufbringen konntest und keine Unterstützung von zuhause hattest.
- Du hast schon als Kind erfahren, wie es ist, arm zu sein.
- Du bist in allen Dingen ein Glückspilz. Deine Eltern sind wohlhabend, Du bist gesund und intelligent, Deinem Erfolg steht nichts im Wege.
- Du hast vor Kurzem Abitur gemacht und Deine Eltern haben Dir geholfen, eine Superwohnung in bester Lage anzumieten, sie unterstützen Dich voll.

Regieanweisung zur Durchführung:

Die Gruppe stellt sich auf mit den entsprechenden Zettelchen. Die Rollenanweisungen werden geheim gehalten.

Immer wenn die folgenden Feststellungen auf eine Personenbeschreibung zutreffen, welche einzeln laut vorgelesen werden sollten, gehen diejenigen, auf deren Rolle sie zutrifft, einen Schritt nach vorn. Es folgt der Block mit den Feststellungen, die laut vorgelesen werden sollen:

Du kannst die Ausbildung machen, die Deinen Fähigkeiten angemessen ist.
Du hast das Gefühl, dass Deine Religion und Deine Herkunft von allen akzeptiert werden.
Du hast Zugang zum Internet.
Du hattest nie ernsthaft Geldprobleme.
Du kannst lesen und schreiben.
Du hast keine Angst, in eine Polizeikontrolle zu geraten.
Deine medizinische Versorgung ist gesichert.
Du kannst den Beruf erlernen, den Du lernen möchtest.
Du hattest nie das Gefühl von anderen ausgegrenzt zu werden.
Du kannst Dich auf Deine Familie verlassen.
Du schaust optimistisch in die Zukunft.
Du kannst Freunde und Freundinnen nachhause zum Essen einladen.
Du kannst einmal pro Woche ins Kino oder in die Disco gehen.
Du kannst einmal im Jahr einen sorglosen Urlaub machen.
Du hast das Gefühl in der Gesellschaft Anerkennung zu finden, in der Du lebst.
Du weißt, dass Deine Familie heute, morgen und übermorgen genug zu essen hat.
Du hast alle Schul- und Arbeitsmaterialien, die Du für produktives Lernen benötigst.
Du kannst Deine politische Meinung ohne Angst vor negativen Konsequenzen äußern.

Auswertung: Es zeigt sich sehr schnell, dass Einzelne aufgrund ungünstiger Rollen kaum oder gar nicht vorankommen und andere, wie von Seilen gezogen, sehr schnell ganz nach vorne katapultiert werden.

Die Teilnehmenden kehren an ihre Plätze zurück. Es findet eine kollektive Aussprache und Reflexion statt zu folgenden Fragen:

- Wie war das Gefühl, vorwärtszukommen bzw. zurückzubleiben?
- Was hat das Vorankommen verhindert?
- Wer fühlte sich besonders benachteiligt und warum?
- Was ist zu tun, um mehr Chancengleichheit und Gerechtigkeit herzustellen?

Quelle: eigene Darstellung, weiterentwickelt nach Orwell, George: Farm der Tiere bzw. dem überarbeiteten, gleichnamigen Spiel von Handicap International, „Ein Schritt nach vorn“, Blatt 1, Lehrkraft sowie dem Handbuch für Menschenrechtsbildung, BZA

5 Stereotypen erkennen: Wahrnehmung schärfen

In diesem Kapitel werden Bilder und Übungen gezeigt, welche die Betrachtenden nachdenklich machen und sensibilisieren sollen für trügerische Wahrnehmungen, insbes. jene, die wir durch eine sogen. „Genderbrille“ vor dem Hintergrund eines spezifischen, geschlechtsspezifischen Rollenverhaltens einordnen auf der Grundlage historisch gewachsener Geschlechterbilder und -rollen.

Insofern bildet dieses Kapitel eine entscheidende Grundlage für die folgenden Rollen- und Lernspiele und baut auf den Fortschritten in Sensibilisierung und Wahrnehmung auf, welche entscheidend zur Stärkung der (gendergerechten) Kompetenzen in Kommunikations- und Interaktionsprozessen beitragen bzw. diese sogar teilweise erst ermöglichen, indem über den Gruppenprozess und den Austausch nicht zuletzt auch individuelle Lern- und Denkprozesse angestoßen werden.

Die folgenden Übungen sollen verdeutlichen, dass und vor allem wie selektiv unsere Wahrnehmung stattfindet. Somit wird deutlich, dass Entscheidungsprozessen meist eine Wahl der Perspektive zugrunde liegt und die Interpretation von Bildern dabei eine zentrale Rolle spielt.

Zudem wird durch gemeinsame Reflexion und Austausch über die unterschiedlichen Wahrnehmungen und Gefühle transparent gemacht, dass unbewusst wirkende Stereotypen – bedingt durch althergebrachte, anachronistisch gewordene Werte, Rollen und Verhaltensweisen – unsere Wahrnehmung maßgeblich beeinflussen können.

Angestrebte Einsichten und Erkenntnisse:

- Wir alle unterliegen Filtern in der Wahrnehmung, die durch erworbene Stereotypen geprägt sind.
- Das Individuum ist keinesfalls so frei in seinen Entscheidungen, wie wir gemeinhin annehmen (s. Johari-Fenster, S. 12).
- Von uns allen und von jeder einzelnen Person wird eine erhöhte Sensibilität für die Wahrnehmung ungleicher Chancen erfordert, um direkte und indirekte Formen der Benachteiligung in Alltagssituationen, wie in Schule und Beruf, abzubauen.

Ziel:

Erkennen, dass die soziale und geschlechterbezogene Gleichheit bislang noch lange nicht verwirklicht wurde und immer noch ein großer Handlungsbedarf besteht.

Anregungen zur Reflexion nach der Durchführung der Übungen von Kapitel 5:

1. Jede beteiligte Person soll sagen, was sie assoziativ wahrgenommen oder gedacht hat.
2. Die unterschiedlichen Sichtweisen werden von der Lehrperson zusammengetragen und notiert.
3. Anschließend wird mitgeteilt, was das Bild tatsächlich darstellt und was es unter Umständen von anderen assoziativ wahrgenommenen Bildern unterscheidet.
4. Abschließend wird die Frage der Perspektive thematisiert und die Frage des eigenen Standortes aufgegriffen und gemeinsam in der Großgruppe reflektiert.
5. Die Bewusstwerdung stereotyper Wahrnehmungen und Deutungsmuster, aber auch die (Gender-) Perspektive der Benachteiligung von Frauen durch unzeitgemäße Zuschreibungen und die Rolle von Stereotypen als wahrnehmungsbeeinflussende Faktoren werden diskutiert.

Die Frage der stereotypen Wahrnehmung ist auch am Beispiel der Diskriminierung ausländischer MitbürgerInnen, behinderter Menschen usw. an exemplarischen Beispielen zu thematisieren (Bewerbung, Wohnungssuche, Ämterkontakte, usw.)

Das Anliegen der Sensibilisierung gilt vor allem für die Sensibilisierung zur Wahrnehmung der „Genderperspektive“ aus der Perspektive des jeweils anderen Geschlechts.

Insbes. männliche Jugendliche und Männer werden durch diese Übungen angesprochen, da sie oft derartige Themen als „Frauenthemen“ begreifen. Dies trifft für die Vergangenheit in jedem Fall zu.

Wohingegen emanzipatorische Bestrebungen und das Anliegen der sozialen und beruflichen Chancengleichheit in der Frauenbildungsarbeit seit vielen Jahren thematisiert werden, haben sich viele, insbes. ältere Männer bislang weitgehend als „resistent“ für die Thematik der Chancengleichheit unter dem Blickwinkel der Genderperspektive erwiesen.

Empirische Studien und langjährige Lehrerfahrungen zeigen jedoch, dass vor allem Mädchen und junge Frauen die Existenz der „gläsernen Decke“ für die berufliche Karriere von Frauen stark unterschätzen, da ihnen die „berufliche Diskriminierungserfahrung“ älterer Frauen, insbes. von Frauen mit Kindern und Familienpflichten, noch weitgehend fehlt.

Von daher sind die folgenden Übungen eine Etappe zur Bewusstwerdung über die sozialen und gesellschaftlichen Chancen und Perspektiven, welche Gleichwertigkeit eröffnet.

5.1 Übung 1: Stereotypen erkennen und definieren

Ziel:
Sich seiner eigenen Vorurteile bewusst zu werden und zu fühlen, wie die Stereotypen unbewusst das eigene Verhalten bestimmen und einschränken.

Aufgabe:
Es werden zwei homogene Gruppen gebildet, die jeweils aus Männern und Frauen bestehen.

In beiden Gruppen wird über Eltern- und Geschlechterrollen gesprochen, und zwar unter der Fragestellung, was typisch für Frauen und was typisch für Männer ist.

Danach werden zwei weibliche und zwei männliche Personen gewählt, die zusammen ein Rollenspiel frei entwickeln und aufführen sollen. Die Männer spielen die Frauenrolle und umgekehrt!

Das Thema wird gewählt, aber nicht seine Ausgestaltung, Auswahl s. Kapitel 6 und 7.

Nach ca. 30 Min. Vorbereitung des Rollenspiels in der Kleingruppe (max. 3–4 Personen) wird im Plenum das Rollenspiel aufgeführt und anschließend gemeinsam ausgewertet im Hinblick auf stereotype Verhaltensmuster und deren Folgen, welche im Spiel deutlich zutage traten oder aber offensichtlich vermieden wurden.

Alle Teilnehmenden werden aufgefordert, sich an dieser Aussprache zu beteiligen.

Zeitbedarf für die komplette Übung: ca. 60 Minuten

Quelle: Lippe-Heinrich

5.2 Übung 2: Berufe-Baum – Stereotypen lassen grüßen!

Ziel:

- Charakteristische Merkmale von „Männer- und Frauenberufen“ zu identifizieren.
- Erkennen, dass Berufswahl oft eine Frage von geschlechtsspezifischen, gesellschaftlichen Zuschreibungen ist, sodass sich das eine aus dem anderen ergibt und vielfach weniger mit den persönlichen Interessen und der Motivation Einzelner zu tun hat.

Abb. 12 zeigt anhand eines Schemas, in welchem Zusammenhang geschlechtsspezifische Zuschreibungen, Eigenschaften und Tätigkeiten stehen, sodass sich daraus Berufsprofile ableiten lassen, welche die Berufswahl stark beeinflussen. Dies zeigt auch die Statistik, welche immer noch eine starke Ausprägung von sogen. Männer- und Frauenberufen ausweist.

Arbeitsblatt: Eigenschaften – Tätigkeiten – Berufe
Aufgabe: Tragt jeweils fünf typische Eigenschaften, Tätigkeiten und Berufe ein!

Aufgaben	„männlich“	„weiblich“
Eigenschaften		
Tätigkeiten		
Berufe		

Abb. 12: Arbeitsblatt: Eigenschaften – Tätigkeiten – Berufe (Quelle: HWK Hamburg 2003)

Aufgabe:

In einem ersten Schritt wird die Gruppe aufgefordert, jeweils aus ihrer Sicht fünf typische geschlechtsspezifische Eigenschaften zu benennen – frauenspezifisch und männerspezifisch.

Aus diesen Eigenschaften werden jeweils für jedes Geschlecht fünf spezifische Tätigkeiten abgeleitet.

Anschließend werden Berufe identifiziert und eingetragen in das Schema, welche diese sogen. Eigenschaften und Tätigkeiten, Kompetenzen/Fähigkeiten verlangen. Die Antworten werden besprochen und in die o. g. Liste bzw. das nachfolgende Schema eingetragen.

Nachfolgende Abb. 13, der „Berufe-Baum", verdeutlicht die geschlechtsspezifische Berufswahlorientierung (HWK Hamburg (Hg.) 2003 c.)).

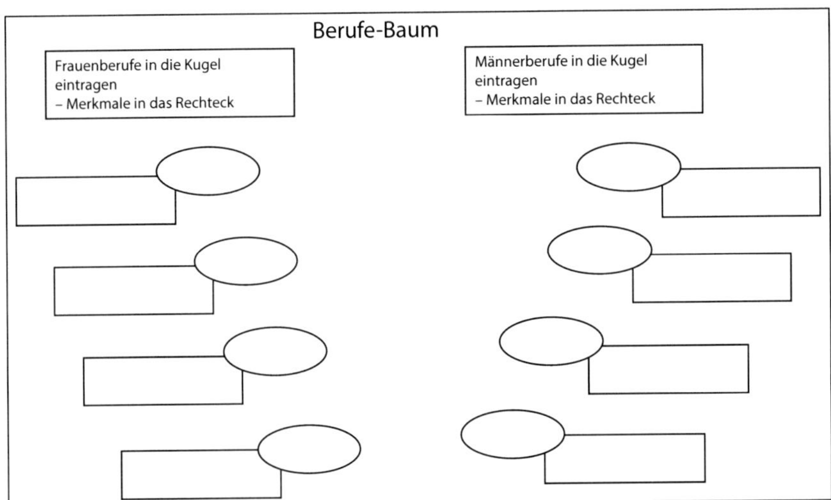

Abb. 13: Berufe-Baum (Quelle: HWK Hamburg 2003)

In diesem Arbeitsblatt werden bekannte sogen. Männerberufe wie z.B. Mechatroniker und Frauenberufe wie z.B. Lehrerin oder Friseuse in die entsprechenden Rechtecke in einem gemeinsamen Brainstorming eingetragen.

Anschließend wird gemeinsam reflektiert, ob diese Zuschreibungen heute noch der Realität entsprechen oder aber ganz andere Motive ausschlaggebend für die Berufswahl sein sollten.

An dieser Stelle können nicht nur Berufswahlverhalten und Einstellungen besprochen werden, sondern auch stereotype Laufbahn- und Lebenskonzepte für Männer und Frauen, welche den Frauen die Zuständigkeit für Familien- und Kinderpflichten zuschreiben und dadurch die „gläserne Decke" begünstigen. Das auf lebenslangen Erwerb angelegte, gendergerechte Laufbahn- und Karrierekonzept ist im Zuge der Gleichstellung und demografischer Entwicklungen von einem kontinuierlichen Karriere- und Lebenskonzept ein alternativer Lösungsansatz, der beiden Geschlechtern entgegenkommen kann.

- Den Männern, die sich für Familien engagieren und damit eine 60-Stunden-Woche und eine frühzeitige Berufsunfähigkeit vermeiden.
- Den Frauen, die zwar Familie und Kinder haben, aber kontinuierlich im Beruf bleiben, auf Wunsch eine lebenslange Karriere machen und im Alter nicht in Armut enden.

5.3 Übung 3: Zur Entstehung und dem Wandel von Stereotypen: Der rote Mantel

Bei dieser Übung steht die Entstehung eines Stereotyps im Fokus und der Wandel bis hin zur vollkommenen Sinnentleerung, sodass sogar die ursprüngliche Bedeutung mehr und mehr in den Hintergrund rückt.

Abb. 14: Bischof Nikolaus von Myra, Schutzpatron und Wohltäter armer Familien und junger Frauen sowie der Diebe, Fischer und Banker (Quelle: Lippe-Heinrich)

Abb. 14 zeigt das Denkmal für den Bischof Nikolaus aus Myra, der in der ersten Hälfte des 4. Jahrhunderts n. Chr. als sozialer Wohltäter für arme Familien und Schutzpatron bestimmter Berufe in die Geschichte der Türkei eingegangen ist. Sein Leben wurde zur Legende und er selbst zum Schutzpatron der Fischer, Diebe und Banker in ganz Europa.

Im Laufe der Jahrhunderte erfährt seine Person als Geistlicher einen Bedeutungswandel und verändert sich immer mehr zum populären Apostel Hagios Nicolaos (s. https://www.brauchtum.de/de/winter/sankt-nikolaus/ [18.10.2021, 15:11]).

Schließlich aber nach Jahrhunderten wird sein Bild verkitscht und trivialisiert, wie in Abb. 16 zu sehen ist. Er mutiert zum Schokoladennikolaus und zum Synonym für den Weihnachtsmann, der immer im roten Mantel daherkommt und Geschenke bringt. Dieses Symbol für Weihnachten wird im Laufe der Jahrhunderte mehr und mehr kommerzialisiert, sodass nach tausend Jahren nur noch die Assoziation an den Weihnachtsmann aus Schokolade mit dem roten Mantel übrig ist, der an Weihnachten die Geschenke bringt.

- über Jahrhunderte hinweg als Heiliger verehrt
- unterliegt im Laufe der Zeit einem Bedeutungswandel und
- die eigentliche Bedeutung wird vergessen

Abb. 15: Der Bedeutungswandel der legendären Person in Jahrhunderten (Quelle: eigene Fotografie einer Statue des historischen Bischofs von Myra, Demre, Türkei)

- kontinuierlicher Wandel zum dicken Mann mit Rauschebart
- als Schokoladenfigur mit rotem Mantel

Abb. 16: Trivialisierter Nikolaus (Quelle: eigene Fotografie einer Statue des kommerzialisierten Nikolaus, Demre, Türkei)

Was vor Jahrhunderten in bestimmten Gesellschaftsformen noch seine Bedeutung hatte, als der medizinische Fortschritt und das durch Religion geprägte Zusammenleben in den Familien noch nicht so individualisiert war wie heute, ist heute zum puren Anachronismus geworden.

Ein gutes Beispiel: Der rote Mantel des Nikolaus als Stereotyp wird zum Synonym für Schokolade an Weihnachten (Abb. 17). Der Anblick genügt und es wird „Nikolaus" assoziiert.

Eine ähnliche Entwicklung haben männliche und weibliche Geschlechterrollen erfahren, die als Stereotype immer noch im Unterbewusstsein der meisten Menschen verankert sind.

Typisch hierfür ist das Dreiphasen-Modell nach Alva Myrdal und Viola Klein, welches für fehlende Aufstiegschancen, Gender Pay Gap und Pension Gap verantwortlich gemacht werden kann. Dieses ist abzulösen durch ein lebenslanges Modell kontinuierlicher Erwerbsarbeit beider Geschlechter, welches eine gemeinsame Verantwortung für die Familie und die Verpflichtungen der Reproduktionsarbeit beinhaltet (Lippe-Heinrich, 2019, S. 123–134).

Abb. 17: Stereotyp: der rote Mantel wird zum Erkennungszeichen für den Nikolaus (Quelle: eigene Darstellung)

5.4 Übung 4: Perspektivwechsel

Ziel:

- Erkennen, dass es mehrere Lösungsansätze gibt und
- die Wahrnehmungen vom Standpunkt und der Perspektive abhängen
- Optische Sinnestäuschungen in Bildern wahrnehmen
- Sensibilisierung für falsche, jedoch objektiv erscheinende Wahrnehmungen der Sinnesorgane Augen
- Fähigkeit zum Perspektivwechsel stärken
- Fähigkeit zur präzisen Wahrnehmung und
- Artikulationsfähigkeit hinsichtlich subjektiver Wahrnehmung schulen
- Akzeptanz anderer Perspektiven/ kultureller Wahrnehmungsmuster

Aufgabe:

- Die folgenden Bilder werden nacheinander den Anwesenden gezeigt, sei es in Papierform als Kopie oder per digitaler Bild-Datei am Blackboard.
- Nach einer gewissen Zeit der Betrachtung wird gefragt, um was es sich bei den dargestellten Motiven handelt.
- Zusammengetragen wird, was die Einzelnen sehen. Zum Schluss erfolgt die Auflösung, was tatsächlich zu sehen war.

Methode:

- Bildbetrachtung und
- Reflexion
- Austausch über die Wahrnehmungen der einzelnen Personen

Folgende Bilder zeigen optische Illusionen bzw. Sinnestäuschungen/wechselnde Wahrnehmungen:

- Meine Frau und meine Schwiegermutter
- Gesichter aus zwei Perspektiven

Abb. 18: „Meine Frau und meine Schwiegermutter", Zeichnung von William Ely Hill, 1915

Dieses Motiv ist sehr beliebt zur Verdeutlichung optischer Täuschungen und wird im Übrigen auch von Antons eingesetzt, um den Beobachtenden abweichende Wahrnehmungsinhalte zu verdeutlichen, d.h. die Subjektivität von Wahrnehmungsprozessen nach jeweiliger Position und Perspektive.

Die Aufgabe lautet, die Dame auf dem Bild möglichst präzise zu beschreiben nach Ausstattung, Bekleidung, Alter usw. (Antons, S. 50/51).

Anschließend sollen die Teilnehmenden sich mit der Frage befassen, wie die Einzelnen mit diesen „dissonanten Wahrnehmungen" umgehen und welche Folgen dies z.B. für die Arbeit im Team hat.

Abb. 19: Alte Frau (Quelle: Wochenschau Verlag)

Abb. 20: Junge Frau (Quelle: Wochenschau Verlag)

5.5 Übung 5: Wahrnehmung hinterfragen: heiß und kalt?

Ziel:

- Sensibilisierung für taktile Empfindungen
- Erkennen falscher, jedoch objektiv erscheinender Wahrnehmungen der Sinnesorgane
- Infragestellung von Empfindungen
- Stärkung der Fähigkeit zur sprachlichen Ausdrucksfähigkeit und Analyse von Wahrnehmungen

Methode:

- Experimentelle Versuchsanordnung
- Kommunikation über die Empfindungen

Durchführung:

Drei Schüsseln mit Wasser werden auf den Tisch gestellt, und zwar

- eine mit sehr kaltem Wasser, ggf. Eiswürfeln (linke Seite)
- eine mit sehr heißem Wasser, ggf. heißer Tee (rechte Seite)
- eine mit lauwarmem Wasser (Mitte)

Eine Hand wird zunächst in die Schüssel ganz links getaucht (kalt) und die andere in die Schüssel ganz rechts (heiß).

Die Flüssigkeiten sind alle 3–5 Minuten zu erneuern, da sie die Raumtemperatur annehmen!

Frage:

Wie verändert sich die Wahrnehmung, wenn die Hand jeweils in die andere Schüssel eingetaucht wird? (ganz links/ganz rechts/Mitte)

Die Teilnehmenden beschreiben einzeln ihre Wahrnehmungen ...

Quelle: Goethe-Institut e. V. (Hg.): Wärme, Kälte, Nässe: Module zum Fühlen und Spüren, Modul 1, heiß oder kalt? Was man empfindet, hängt von vielen Faktoren ab. In: Hoppenstedt, Gila/Widlok, Beate (Autorinnen): Mit Sinnen experimentieren – Sprache begreifen, Frühes Fremdsprachenlernen mit dem CLIL-Ansatz, Einführung und Praxisbeispiele, http://www.oethe.de/kinder [27.11.2021, 17:21]

5.6 Übung 6: Sexismus im Marketing – in den Medien

Ziel:

- Erkennen und Definieren von traditionellen und sexistischen Geschlechterstereotypen anhand von Text und Bild
- Einüben kommunikativer Formen der Auseinandersetzung über das Bild der Frauen und der Männer in der Werbung
- Erkennen der Kommerzialisierung von Geschlechterrollen durch Werbeträger
- Auseinandersetzung mit aggressiven Formen der Werbung – Sex Sells

Methode:

- Selbständiges Lesen und selbstorganisiertes Recherchieren nach entsprechenden Werbebeispielen und Bildern
- Sichten von gängigen Print-Medien (als Hausaufgabe oder mithilfe von mitgebrachtem Unterrichtsmaterial) durch Lehrende oder Teilnehmende
- Finden von Texten und Bildern, in den Anspielungen oder Darstellungen auf Geschlechterstereotypen vorkommen bzw. in denen diese benutzt werden, um bestimmte Produkte zu verkaufen.

Aufgabe:

Bitte analysieren Sie die der Darstellung von Männern und Frauen anhand der den Beiträgen zugrundeliegenden Rollen und Stereotypen am Beispiel der vorliegenden Medien (Bild/Ton/Text).

Das Material, welches analysiert werden soll, ist mithilfe des folgenden Fragerasters (von einzelnen Personen oder einer Gruppe mit geteilten Aufgaben zu bearbeiten:

Wie werden Frauen und Männer in Ihrem Verhältnis zur Technik bzw. zu modernen technischen Produkten/Geräten dargestellt?

Suchen Sie zwei bis drei typische Bildarrangements unter der Geschlechterperspektive aus und beschreiben bzw. analysieren Sie folgende, ausgewählte Aspekte:

F1: Welche Rolle spielt der Mann in diesem Arrangement?

F2: Welche Rolle spielt die Frau in der gewählten Situation?

F3: Welche Stereotypen liegen dem Bildausschnitt zugrunde?

F4: Durch welche Motivwahl könnte man eine gendergerechte Situation darstellen, in der die Geschlechter gleichrangig angesprochen und vertreten werden?

F5: Glauben Sie, dass eine einseitig klischeeorientierte, an Stereotypen orientierte Werbung ihr Ziel heute noch erreicht?

F6: Welchen Eindruck und welche Assoziationen haben Sie persönlich, wenn Sie das Bild Ihrer Wahl betrachten?

F7: Welche anderen Werbemotive und Spots fallen Ihnen ein, die
a.) ähnlich sind wie das von Ihnen gewählte Bild
b.) sich hinsichtlich des interpretierten Rollenverhaltens stark unterscheiden
c.) Sie persönlich ansprechen bzw. Ihnen völlig zuwiderlaufen?

F8: Welche Firmen/Unternehmen zeichnen sich eher durch den Appell an „traditionelle Rollenstereotypen" aus und welche Unternehmen fallen durch gendergerechte Werbung auf?

F9: Kennen Sie aus dem Gedächtnis weitere Beispiele, z. B. aus der Fernsehwerbung oder aus dem Rundfunk, die dem von Ihnen gewählten Bild entweder entsprechen oder aber stark davon abweichen?

Die Arbeit der Kanadierin Eichler ergeben nach Pravda (2003) zum Phänomen des Sexismus in Bildungsprozessen das Vorhandensein von sieben verschiedenen Kategorien. Pravda bezieht sich in ihrer Arbeit zur Genderperspektive in der Weiterbildung bei der Analyse von Textmaterial auf diesen Ansatz. Es ist schlüssig davon auszugehen, dass die Beobachtung der folgenden von Eichler festgestellten Kategorien dazu führen kann, die Genderaspekte von Texten vollständig zu erfassen. Die folgenden Klassifikationen sind danach weit verbreitet und behindern die gleichberechtigte und gleichgestellte Wahrnehmung und Position von Frauen.

1. Androzentrismus:
Eine Prägung der Darstellung ausschließlich aus männlicher Perspektive, die zum einen nur das männliche Rollenbild als Referenzgröße nennt und beachtet, andererseits die weibliche Sicht und Ausgangslage unsichtbar macht.

2. Übergeneralisierung:
Es werden generalisierende Aussagen getätigt, die sich ausschließlich auf Männer beziehen.

3. Mangelnde Geschlechtersensibilität:
Geschlecht wird als zentrale soziale Variable ignoriert, z. T. auch in den Schwerpunktbereichen der Forschung, in denen bereits Forschungsergebnisse zur geschlechtsspezifischen Relevanz vorliegen (Spracherwerb, Medizinforschung, usw.).

4. Doppelte Standards:
Verhalten, Eigenarten, Situationen werden unterschiedlich bewertet, je nachdem, ob sie an Männern oder an Frauen beobachtet werden.

5. Geschlechterangemessenheit:
Einem Geschlecht werden angeblich typische Eigenschaften zugeschrieben und zwar werden Geschlechterrollen und Geschlechtsidentität aus dem biologischen Geschlecht konstruiert und als soziales Geschlecht gleichgesetzt.

6. Familismus
Viele Entscheidungen, welche die ganze Familie betreffen, werden nicht von der ganzen Familie entschieden, sondern von einem Mann, resp. einer Frau, welche für die Familie verantwortlich ist.

7. Geschlechterdichotomie:
Biologische wie soziale Unterschiede der Geschlechter werden überbewertet und Gemeinsamkeiten werden unterbewertet (Beispiel: es erfolgt eine Gleichsetzung der Eigenschaft von aktiv mit männlich und passiv mit weiblich). Eine biologische Variante von Personen wird damit als absolut bestimmend erklärt.

Bezugnehmend auf diese Klassifikation ist die sinnvolle und angemessene Berücksichtigung der aus der Zugehörigkeit zu einem Geschlecht resultierenden Faktoren zu fordern, wobei Gleichbehandlung die Akzeptanz der vorhandenen Unterschiede einschließt. Dies führt dazu, z.B. das Ziel einer geschlechtsneutralen Berufsrolle zu hinterfragen und zu relativieren (Lippe-Heinrich 2003, 2020 nach interner Dokumentation BB2).

Anm. d. Verf.): Diese Übung wurde im Rahmen einer Ausbildungs-Projektwoche vom Ausbilder der Telekomgruppe Herrn J. Breitfeld praktiziert und als Teil der Wissenschaftlichen Begleitung (Autorin) im Rahmen ihrer teilnehmenden Hospitation dokumentiert. Sie wurde in den Folgejahren durch mehrere Erprobungen im Kontext des Seminars Personalmanagement am IFM der Universität Leuphana weiterentwickelt.

5.7 Übung 7: Recherchetechniken

Ziel:

- Kennenlernen von Strategien zur Gleichstellung und innovativen Kommunikationsformen in der Unternehmenswelt
- Einüben von Recherchetechniken in der Gruppe und
- gemeinsame Interaktion in der Gruppe und Reflexion

Methoden:

- Durchführung einer Recherche (Einzel- und Gruppenarbeit)
- Die Namensliste der Unternehmen kann beliebig fortgeschrieben werden, s. hierzu auch das Label „Deutschlands Beste" und Preisträger nach Schwerpunkten
- Gruppendiskussion
- Dokumentation der Befunde
- Präsentation im Plenum
- Erfahrungsaustausch und Reflexion im Plenum

Voraussetzungen: Hierzu erforderlich ist ein Laptop mit Internetverbindung!

Durchführung:

Eingabe eines zentralen Schlagworts wie z.B. Diversity Management plus Unternehmen oder Unternehmen und ein Begriff, z.B.
AG 1: Diversity Management Deutsche Bahn
AG 2: Diversity Management Komische Oper/s. Charta der Vielfalt
AG 3: Daimler Debis, Global Pride 2020
AG 4: Google
AG 5: KOFA.de, Stichwort Personalgewinnung und Praxisbeispiele
z. B. Pentos AG sowie ICUnet.Group
AG 6: Google Diversity Management, Karriere für Zielgruppen und Inklusion am Arbeitsplatz
AG 7: SAP – Vielfalt und Inklusion
AG 8: Vaude Nachhaltigkeitsbericht oder Diversity Management
AG 9: OKI Management und Personalführung

Quelle: Lippe-Heinrich

5.8 Übung 8: 3-R-Methode (Analyse-Tool zum Stand der Gleichstellung)

Diese Methode wurde in den 90er Jahren in Schweden entwickelt und besteht aus drei Schritten der Analyse von Daten, nämlich Repräsentanz, Ressourcen und Realität (Quelle: Swedish Association of Local Authorities: The 3 Rs (1999)).

Ziel:
eigenständige Durchführung von empirischen Befragungen und sekundär-statistischen Analysen zur Bestimmung von Gleich- und Ungleichverteilung der Chancen für Männer und Frauen

- Nachweis von Ungleichbehandlung bei Repräsentanz, Einkommen, usw.
- Nachweis der Schere zwischen dem, wie es sein sollte und dem, wie es ist ...
- Dient der Vorbereitung von Aktivitäten und Maßnahmen zur Gleichstellung

Methode:
Einsatz eines Analyse-Tools zum Stand der Gleichstellung

- Durchführung von empirischen Befragungen und
- Recherche und Vergleich von amtlichen Daten und Publikationen
- Analyse sekundär-statistischer Daten unterschiedlicher Quellen

Aufgabe

Arbeitsschritte	**exemplarisches Frageraster**
Repräsentation	Wie ist die Verteilung von Männern und Frauen in Führungspositionen/in den relevanten Gremien/auf den entsprechenden Hierarchieebenen/Parteien/Ausschüssen (quantitative Verteilung)?

Ressourcen
Wie werden die zur Verfügung stehenden Ressourcen (Finanzen, Zeit, Raum, Freizeit, Internet, Räume, Positionen, öffentliche Mittel und Funktionen) zwischen Männern und Frauen verteilt?

Realität erklären
Warum werden Frauen und Männer unterschiedlich behandelt und beteiligt? Welche Normen und Werte liegen dieser Ungleichbehandlung zugrunde? Wird den Interessen beider Geschlechter in gleichem Umfang Rechnung getragen?

5.9 Übung 9: Biografische Textanalyse, 5-Schritte-Lese-Übung mit Interview

Ziel:
Texte gründlich lesen und hinsichtlich der bestimmenden Merkmale nach Männer- und Frauenbiografien zu unterscheiden, d. h. sensibel zu werden für geschlechterbezogene Rollenzuschreibungen und daraus resultierende Lebens- und Berufsverläufe.

Die Spielenden entwickeln ein umfassendes Verständnis des Bedarfs an neuen Laufbahn- und Lebenskonzepten für Männer und Frauen, unabhängig von gängigen Stereotypen.

Methode:
Analytische Einzelarbeit oder Gruppenarbeit zum besseren Verstehen sogen. „männlicher" und „weiblicher Lebensentwürfe und -verläufe", Leseübung, Erfahrungsaustausch, Kommunikationstraining

Spielanweisung:
Jede teilnehmende Person erhält ein Arbeitsblatt mit einem biografischen Porträt einer Person. Zur Durchführung der Verständnis-Übung erhalten die Anwesenden folgende Instruktionen:

Diese Leseübung dient dem besseren Verständnis neuer Lebens- und Arbeitskonzepte.

Unternehmt bei der Bearbeitung des Textes folgende Einzelschritte:

1. Verschafft Euch einen groben Überblick über den Inhalt eines Interviews, indem Ihr den Text überfliegt.
2. Überlegt, worum es beim Inhalt des Textes geht und auf welche Fragen der Text eine Antwort gibt.
3. Lest anschließend die einzelne Darstellung sehr gründlich und markiert die wichtigsten Aussagen in Form von Kernsätzen oder Schlüsselbegriffen.
4. Fasst jetzt die einzelnen Schwerpunktaussagen schriftlich zusammen und formuliert diese für Euch selbst mit Zwischenüberschriften.
5. Präsentiert den gelesenen Text für die anderen Gruppenteilnehmer-/Innen, indem Ihr den zusammengefassten Inhalt in eigenen Worten im Plenum wiedergebt.

Der Zeitbedarf ist individuell verschieden. Als Einzelarbeit sind ca. 25 Minuten, als Gruppenarbeit ca. 60 Min. zu veranschlagen. Sofern eine Gruppenarbeit (max. 4 Personen) durchgeführt wird, sollte je ein Porträt eines Mannes und das einer Frau bearbeitet und verglichen werden. Anschließend soll eine gemeinsame Reflexion der wichtigsten Aussagen aus der Sicht der Gruppe vorgenommen werden.

Arbeitsblatt:

Biografisches Interview Nr. 1 (Mann):
Peter ist Jahrgang 1967, verheiratet und hat ein Kind.

Peter hat in jungen Jahren, direkt nach dem Mittleren Schulabschluss, eine Berufsausbildung zum Fernmeldeinstallateur bei der Firma S. in Hamburg abgeschlossen. Das Ergebnis war gefühlsmäßig unbefriedigend. Daher erfolgte im Alter von 20 Jahren ein Quereinstieg in den Architektur-Modellbau. Dort arbeitete er ein Jahr. Seine Existenzgründung erfolgte wenige Jahre später und er baute seine Firma mit eigenen Mitteln auf. Diese lief sechs Jahre lang sehr erfolgreich, aber er arbeitete 56 Stunden in der Woche bis zur Selbstausbeutung. 100% Kundenzufriedenheit, 100% Qualität und 150% Selbstausbeutung. Dafür verdiente er „Geld wie Heu". Das Privatleben litt jedoch unter dieser ständigen Überbelastung.

Daher hat er nach sechs Jahren die Firma aufgegeben und ist zurück in den Status des Angestellten, nunmehr im Sicherheitsbereich. Dort ist er weitere vier Jahre tätig, bis die Entscheidung erfolgt, sich als „Betriebswirt des Handwerks" in der Akademie des Handwerks Hamburg ausbilden zu lassen. Hierbei handelt es sich um eine Vollzeitausbildung von ca. 6 Monaten.

Das Ziel dieser Weiterbildung ist es, ggf. eine neue Anstellung im Leitungsbereich einer Firma für Facility Management zu finden oder aber eine erneute Existenzgründung mit einem Kollegen durchzuführen, um im Vertrieb zu arbeiten.

Schon während der Lehre hat er nach der Sinnhaftigkeit seines Tuns gefragt und daher entschieden, nach Beendigung der Ausbildung zu kündigen. Er blieb immer aufmerksam für sein Privatleben und seine Lebensqualität. Dabei war ihm bewusst, dass er als „Durcharbeiter" oft kein Ende finden konnte.

Seine Frau diente ihm immer wieder als Anstoß, um seine eigentliche Linie wiederzufinden. Sie half ihm auch, sich über seine eigentliche Begabung und Potenziale klar zu werden. Inzwischen ist er viel sicherer mit sich selbst und weiß um seine Fähigkeit in der Personalführung, im Planen und Organisieren. Bislang hat er immer in reinen Männerwelten gearbeitet und keine Erfahrung im Umgang mit Frauen in technischen Berufen.

Quelle: HWK Hamburg (Hg.) 2003, b.)

Arbeitsblatt:

Biografisches Interview Nr. 2 (Frau): Yvonne ist 44 Jahre alt, geschieden und hat drei minderjährige Kinder (17, 15 und 9 Jahre alt).

Yvonne hat die Schule mit Fachabitur abgeschlossen und danach eine Lehre zur Groß- und Außenhandelskauffrau gemacht.

Sie stellte sich schon früh die Fragen nach dem inneren Lebens- und Berufsplan. Einerseits wollte sie immer eine Familie haben, andererseits aber auch gerne studieren. Wegen der Kinder hat sie den Wunsch zu studieren erst einmal zurückgestellt. Allerdings blieb dieser Wunsch immer bestehen, sodass sie sich nach einigen Berufsjahren entschied, im Abendstudium noch einmal eine Ausbildung in Hauswirtschaft mit anschließender Meisterprüfung durchzuführen. Als das dritte Kind geboren war und sich das Ehepaar kurze Zeit später scheiden ließ, war sie auf der Suche nach neuen beruflichen Perspektiven. Inzwischen ist sie mit einem eigenen Unternehmen für Büroorganisation selbstständig tätig. Zur Vervollkommnung ihrer betriebswirtschaftlichen Kompetenzen macht sie jetzt das Studium zum „Betriebswirt des Handwerks“ an der Akademie des Handwerks in Hamburg. Sie besucht die Vollzeitklasse, um nach sechs Monaten den Abschluss zu erhalten. Sie plant, diese Fortbildung hinterher in ihr Angebot mitaufzunehmen, indem sie stärker den Beratungsbereich betont. Für ihre Kinder ist diese Zeit eher fordernd, da sie frühmorgens losgeht und dann von 8.00–13 Uhr in der Akademie anwesend ist und studiert. Anschließend fährt sie in ihr Büro und arbeitet dort noch bis in den späten Nachmittag. Der jüngste Sohn ist während der Mittagsstunden in einem Hort.

Yvonne sagt von sich, dass sie gut mit Männern wie auch mit Frauen zusammenarbeiten konnte. Für sie spielt es keine Rolle, mit wem sie zusammenarbeitet und welchem Geschlecht diese Personen angehören. Für die Zukunft wünscht sie sich mehr Flexibilität in der Erbringung ihrer Arbeitsleistung. Sie möchte unter dem Zeitaspekt frei bestimmen können, z.B. morgens mal später anfangen und dafür am Wochenende ein paar Stunden arbeiten. Insbes. ein Jahresarbeitszeitkonto würde sie gut finden, aber auch die Chance, die Kinder mal mit an den Arbeitsplatz zu nehmen oder von zuhause zu arbeiten. Wenn das auch die Väter tun würden, hätten die Mütter z.B. mehr Zeit, um zuhause ein paar Stunden ungestört verbringen zu können. Grundsätzlich sollte es möglich sein, immer mal wieder, ab und zu, von zuhause aus zu arbeiten. Nicht immer, aber mal ...

Quelle: HWK Hamburg (Hg.) 2003, b.)

6 Berufswahl und – Orientierung: neue Berufs- und Familienrollen

Althergebrachte Berufswahlmuster und traditionelle Formen der Karriereplanung bestimmen nach wie vor die Berufswahl von jungen Frauen und jungen Männern. Die Konzentration der Frauen auf wenige „frauenspezifische" Berufe und Tätigkeitsfelder und die der Männer auf „männerspezifische" Berufe und Fachrichtungen ist eine wesentliche Strukturbarriere auf dem Weg zur Verwirklichung von Gleichwertigkeit und Gleichstellung. Unter diesem Aspekt ist die Durchmischung der Berufe und Arbeitsfelder, aber auch die Aufteilung der Hausarbeit und Kinderpflichten in den Familien ein sehr wesentlicher Ansatz zur Beseitigung der noch bestehenden Ungleichgewichte für die Frauen in Bezahlung, Aufstiegs- und Karrierechancen. Nötig ist diese Veränderung von Mentalitäten nicht zuletzt aufgrund eines aktuell noch bestehenden durchschnittlichen Lohn-Gaps von 25 % und einem nahezu 50-prozentigen Renten-Gap. Diese Situation zeigt, welche soziale und gesellschaftliche Bedeutung die Ausgestaltung neuer Familien- und Geschlechterrollen hat.

Die folgenden Rollenspiele verfolgen sehr komplexe Lernziele. Sie wurden entwickelt, um einerseits den grundsätzlichen Zielen dieser Sammlung von Gleichstellungsmaterialien gerecht zu werden, nämlich durch Förderung sogen. Soft Skills und insbes. der Kommunikations- und Interaktionskompetenz. Indem durch das freie Spiel die sozialen und personalen Kompetenzen gezielt geschult und gefördert werden, werden die Lernchancen gerade in dieser Kompetenzklasse erhöht. Parallel dazu werden mit Bezug auf den Ansatz des integrierten Genderlernens Empathie und Wahrnehmungsfähigkeit geschult für das Anliegen der Gleichstellung und Gleichberechtigung von Frauen. Diese ist undenkbar ohne die paritätische Übernahme von Haushalts- und Familienpflichten durch den Partner, ganz besonders, wenn Kinder im Haushalt vorhanden sind, die es zu versorgen gilt. Dies bedarf völlig neuer Aushandlungsprozesse zwischen den Partnern, aber auch auf gesellschaftlicher Ebene. Diese Zukunft zu gestalten und nach Gusto durch die Spielenden frei fabulieren zu lassen, aber auch vorhandene Barrieren zu reflektieren, ist die Aufgabe dieses Kapitels.

Damit werden auf der Grundlage von assoziativem Spielspaß und gemeinsamem Nachdenken und Reflexion die Energien freigesetzt, die es zukünftig für die Gestaltung wünschenswerter Entwicklungen benötigt, nicht zuletzt im Sinne der Frauen. Die Spiele und Übungen in den folgenden Kapiteln basieren

im Wesentlichen auf der Weiterentwicklung des Beitrags der Einrichtung „Retravailler“ im Kontext des Projekts IBW-Company, welche langjährige Erfahrungen mit Gendertrainings und Methoden der Sensibilisierung für Fragen der Gleichstellung hat.
Quelle: HWK Hamburg (Hg.) 2003, c.)

Das Ziel der in Kapitel 6 aufgezeigten Rollenspiele ist die Bewusstwerdung geschlechtsspezifischer Prägungen und Entwicklung der Kommunikations- und Interaktionskompetenz, denn:

- Jede Person soll den Beruf ergreifen, für den sie Motivation hat und geeignet ist, unabhängig von geschlechtsspezifischen Berufs- und Lebensrollen
- Bewusstwerdung von geschlechtsspezifischen Stereotypen bei der Berufswahl
- Infragestellung von traditionellen Berufswahlmustern
- Reflexion und Austausch über Geschlechterrollen in Familie, Arbeitswelt und Gesellschaft, aber auch die Zukunft von Familie und Elternschaft
- Identifikation persönlicher Bedürfnisse und Wünsche für die Zukunft unabhängig vom Geschlecht und vom aktuellen sozialen Status
- Indirekt: Abschaffung des sogen. Gender-Gaps bei den durchschnittlichen Verdiensten, des Renten-Gaps und der daraus resultierenden Altersarmut von Frauen

Methode:

Rollenspiel für 2–4 Personen mit Präsentation im Plenum

(Erarbeitung ca. 25 Min. durch Gruppe von 2–4 Personen und ca. 5–10 Minuten Präsentation im Plenum)

Recherchen zu den Berufsbildern: (s. Beruf Aktuell, Lexikon der Ausbildungsberufe [25.12.2021, 18:45]), http://www. zdh.de, Anerkannte Ausbildungsberufe, Berufe der Anlage A, [25.12.2021, 18:15] oder BERUF AKTUELL, Lexikon der Ausbildungsberufe, Ausgabe 21/22)

Zeitbedarf: insgesamt ca. 30 Minuten pro Spiel

Interpretation und Reflexion des Spiels durch die Anwesenden

Freiwilligkeit der Präsentation

Es ist nicht auszuschließen, dass einzelne Personen, insbes. junge Männer die nachfolgenden Rollenspiele in der „Haut des anderen Geschlechts“ als Verunsicherung erfahren. Daher sollten alle Präsentationen durch Freiwillige erfolgen. Niemand darf gezwungen werden mitzuspielen.

Zur Rollenverteilung und dem Zeitbedarf pro Spiel:
Rollenaufteilung: jeweils 2–4 aktive Spieler und fakultativ eine Beobachtungsperson. Sie berichtet über die Entwicklung der Dialoge im Plenum. Anschließend wird darüber diskutiert. Die Beobachtungsfunktion eignet sich für eher zögerliche Personen. Der Zeitbedarf für die Erarbeitung eines Spiels beträgt ca. 30 Minuten, für die Präsentation sollte er 8 Minuten nicht überschreiten.

Quelle: Lippe-Heinrich

6.1 Rollenspiel 1: Personaleinstellung (Mann)

Feinziel:
Überprüfen und Infragestellen von stereotypen Berufszuschreibungen

Methode:
Simulation eines Bewerbungsgesprächs durch zwei Personen
Rollenspiel mit Präsentation im Plenum
(Erarbeitung ca. 25 Min. durch Gruppe von 2–3 Personen und ca. 5–10 Minuten Präsentation im Plenum)
Interpretation und Reflexion des Spiels durch die Anwesenden
Freiwilligkeit der Präsentation

Aufgabenbeschreibung:
Mann
Sie sind die Person, die mit der Personaleinstellung eines Unternehmens der Metallurgie beauftragt ist. Sie wissen, dass das Unternehmen noch niemals eine Frau als Chef der Fertigung bzw. als Leiterin des Qualitätsmanagements eingestellt hat. Sie empfangen eine Bewerberin, um sich von ihrer Motivation und von ihren Fähigkeiten zu überzeugen, sich in einer Umgebung von Männern als Führungskraft zu behaupten.
Frau
Sie wurden eingeladen, sich über eine Anstellung als Leiterin des Qualitätsmanagements in einer Eisengießerei eines Unternehmens der Metallurgie zu unterhalten. Sie wären die erste Frau, die auf einem derartigen Posten beschäftigt wird. Sie sind dazu prädestiniert, diese Position zu erhalten.

Quelle: HWK Hamburg (Hg.) 2003, c.)

Rollenspiel 2: Personaleinstellung (Frau)

Ziel:
Überprüfen und Infragestellen von stereotypen Berufszuschreibungen

Methode:
Simulation eines Bewerbungsgesprächs durch zwei Personen
Rollenspiel mit Präsentation im Plenum
(Erarbeitung ca. 25 Min. durch Gruppe von 2–3 Personen und ca. 5–10 Minuten Präsentation im Plenum)
Interpretation und Reflexion des Spiels durch die Anwesenden
Freiwilligkeit der Präsentation

Aufgabenbeschreibung:
Frau
Sie sind die Person, die mit der Personaleinstellung eines Unternehmens der Gesundheitswirtschaft beauftragt ist. Sie wissen, dass das Unternehmen noch niemals einen Mann als Pflegekraft eingestellt hat. Sie empfangen einen Bewerber, um sich von seiner Motivation und von seinen Fähigkeiten zu überzeugen, sich in einer Umgebung von Frauen mit weiblichen Vorgesetzten als Mitarbeiter zu bewähren und zu behaupten.
Mann
Sie wurden eingeladen, sich über eine Anstellung als Pflegekraft in einem Altenheim zu unterhalten. Sie wären der erste Mann, der auf einem derartigen Posten beschäftigt wird. Sie fühlen sich sehr motiviert, diese Position zu erhalten.

Quelle: Lippe-Heinrich nach HWK Hamburg (Hg.) 2003, c.)

6.2 Rollenspiel 3: Geschäftsführung wird Eltern (Frau)

Ziel:
Überprüfen und Infragestellen von stereotypen Geschlechterrollen, insbes. der Rolle der Mutter, welche ausschließlich für die Kinderbetreuung zuständig ist

Methode:
Simulation eines Bewerbungsgesprächs durch zwei Personen
Rollenspiel mit Präsentation im Plenum
(Erarbeitung ca. 25 Min. durch Gruppe von 2–3 Personen und ca. 5–10 Minuten Präsentation im Plenum)
Interpretation und Reflexion des Spiels durch die Anwesenden
Freiwilligkeit der Präsentation

Aufgabenbeschreibung:
Frau
Sie sind die Geschäftsführerin eines bedeutenden Unternehmens der Gesundheitswirtschaft. Sie haben vor Kurzem erfahren, dass Sie schwanger sind, und müssen jetzt für die Zeit Ihres Mutterschutzes planen. Ein Mitarbeiter, der erst kürzlich eingestellt und ernannt wurde, soll Sie in Ihrer Leitungsfunktion vertreten und die Geschäfte führen, solange Sie im Mutterschutz sind.
Mann
Sie wurden kürzlich zum Küchenchef eines großen Krankenhauses ernannt. Sie sind noch in der Probezeit und Sie haben soeben erfahren, dass Ihre Chefin schwanger ist. Sie müssen mit Ihrer Geschäftsführung klären, ob und zu welchen Konditionen Sie bereit sind, diese in der Zeit ihrer Abwesenheit zu vertreten, weil sie die Vorbereitungen treffen muss, um eine Schwangerschaftsvertretung zu beschaffen bzw. Sie als Interims-Geschäftsführung einzusetzen.

Quelle: Lippe-Heinrich nach HWK Hamburg (Hg.) 2003, c.)

Rollenspiel 4: Geschäftsführung wird Eltern (Mann)

Ziel:

Überprüfen und Infragestellen von stereotypen Geschlechterrollen, insbes. der Rolle des Vaters, der ausschließlich für die Berufsarbeit zuständig ist

Methode:

Rollenspiel mit Präsentation im Plenum
(Erarbeitung ca. 25 Min. durch Gruppe von 2–3 Personen und ca. 5–10 Minuten Präsentation im Plenum)
Interpretation und Reflexion des Spiels durch die Anwesenden
Freiwilligkeit der Präsentation

Aufgabenbeschreibung:

Frau

Sie sind die Geschäftsführerin eines bedeutenden Unternehmens der Gesundheitswirtschaft. Sie haben zum ersten Mal einen Mann als Küchenchef eingesetzt. Dieser Mitarbeiter, der erst kürzlich eingestellt und ernannt wurde, bittet Sie um ein Gespräch.

Mann

Sie wurden erst kürzlich als Koch eines großen Krankenhauses ernannt. Sie sind noch in der Probezeit und haben soeben erfahren, dass Ihre Partnerin schwanger ist. Sie müssen dies Ihrer Geschäftsführerin mitteilen, damit sie die Vorbereitungen treffen kann, um eine Vertretung zu beschaffen bzw. Sie zu ersetzen.

Quelle: HWK Hamburg (Hg.) 2003, c.)

6.3 Rollenspiel 5: Führungskraft und Schwangerschaft (Mann)

Ziel:
Überprüfen und Infragestellen von stereotypen Geschlechterrollen, insbes. der Rolle der Mutter, welche ausschließlich für die Kinderbetreuung zuständig ist

Methode:
Rollenspiel mit Präsentation im Plenum
(Erarbeitung ca. 25 Min. durch Gruppe von 2–3 Personen und ca. 5–10 Minuten Präsentation im Plenum)
Interpretation und Reflexion des Spiels durch die Anwesenden
Freiwilligkeit der Präsentation

Aufgabenbeschreibung:
Mann
Sie sind der Geschäftsführer einer bedeutenden Firma. Sie haben zum ersten Mal eine Frau als Kopf der Abteilung Finanzen eingesetzt. Die Verantwortliche dieser Abteilung, die erst kürzlich ernannt wurde, bittet Sie um ein Gespräch.
Frau
Sie wurden kürzlich zur Leiterin der Abteilung Finanzen in Ihrer Firma berufen. Sie sind noch in der Probezeit und Sie haben soeben erfahren, dass Sie schwanger sind. Sie müssen dies Ihrem Geschäftsführer mitteilen, damit er die Vorbereitungen treffen kann, um eine Vertretung zu beschaffen bzw. Sie zu ersetzen.

Quelle: Lippe-Heinrich nach HWK Hamburg (Hg.) 2003, c.)

Rollenspiel 6: Führungskraft und Schwangerschaft (Frau)

Ziel:
Überprüfen und Infragestellen von stereotypen Geschlechterrollen, insbes. der Rolle der Mutter, welche ausschließlich für die Kinderbetreuung zuständig ist

Methode:
Rollenspiel mit Präsentation im Plenum
(Erarbeitung ca. 25 Min. durch Gruppe von 2–3 Personen und ca. 5–10 Minuten Präsentation im Plenum)
Interpretation und Reflexion des Spiels durch die Anwesenden
Freiwilligkeit der Präsentation

Aufgabenbeschreibung:
Frau
Sie sind die Geschäftsführerin einer bedeutenden Firma. Sie haben zum ersten Mal eine Frau als Kopf der Abteilung Finanzen eingesetzt. Die Verantwortliche dieser Abteilung, die erst kürzlich ernannt wurde, bittet Sie um ein Gespräch.
Frau
Sie wurden kürzlich zur Leiterin der Abteilung Finanzen in Ihrer Firma berufen. Sie sind noch in der Probezeit und Sie haben soeben erfahren, dass Sie schwanger sind. Sie müssen dies Ihrer Geschäftsführerin mitteilen, damit sie die Vorbereitungen treffen kann, um eine Vertretung zu beschaffen bzw. Sie zu ersetzen.

Quelle: Lippe-Heinrich nach HWK Hamburg (Hg.) 2003, c.)

6.4 Rollenspiel 7: Personalgespräch beim Vorstand (Mann)

Ziel:
Überprüfen und Infragestellen von stereotypen Geschlechterrollen, insbes. der Rolle der Mutter, welche ausschließlich für die Kinderbetreuung zuständig ist

Methode:
Rollenspiel mit Präsentation im Plenum
(Erarbeitung ca. 25 Min. durch Gruppe von 2–3 Personen und ca. 5–10 Minuten Präsentation im Plenum)
Interpretation und Reflexion des Spiels durch die Anwesenden
Freiwilligkeit der Präsentation

Aufgabenbeschreibung:
Mann
Sie sind der Vorstandsvorsitzende einer bedeutenden Stiftung. Sie haben einen neuen Geschäftsführer eingesetzt. Der junge Mann, der erst vor Kurzem zum Geschäftsführer ernannt wurde, bittet Sie um ein Gespräch.
Mann
Sie wurden kürzlich zur Geschäftsführung einer bedeutenden Stiftung berufen. Dies bedeutet eine umfassende Verantwortung, nicht zuletzt für die Finanzen. Sie haben vor wenigen Tagen erst erfahren, dass Ihre Partnerin schwanger ist, und sich dafür entschieden, in Elternzeit zu gehen. Sie müssen dies Ihrem Vorstand mitteilen, damit er Vorbereitungen treffen kann, um Sie zu ersetzen bzw. für eine Vertretung zu sorgen.

Quelle: Lippe-Heinrich nach HWK Hamburg (Hg.) 2003, c.)

Rollenspiel 8: Personalgespräch beim Vorstand (Frau)

Ziel:
Überprüfen und Infragestellen von stereotypen Geschlechterrollen, insbes. der Rolle der Mutter, welche ausschließlich für die Kinderbetreuung zuständig ist

Methode:
Rollenspiel mit Präsentation im Plenum
(Erarbeitung ca. 25 Min. durch Gruppe von 2–3 Personen und ca. 5–10 Minuten Präsentation im Plenum)
Interpretation und Reflexion des Spiels durch die Anwesenden
Freiwilligkeit der Präsentation

Aufgabenbeschreibung:
Frau
Sie sind die Vorstandsvorsitzende einer bedeutenden Stiftung. Sie haben einen neuen Geschäftsführer eingesetzt. Der junge Mann, der erst vor Kurzem ernannt wurde, bittet Sie um ein Gespräch.
Mann
Sie wurden kürzlich zur Geschäftsführung einer bedeutenden Stiftung berufen. Dies bedeutet eine umfassende Verantwortung, nicht zuletzt für die Finanzen. Sie haben vor wenigen Tagen erst erfahren, dass Ihre Partnerin schwanger ist, und sich dafür entschieden, in Elternzeit zu gehen. Sie müssen dies der Vorstandsvorsitzenden mitteilen, damit sie Vorbereitungen treffen kann, um Sie zu ersetzen bzw. für eine Vertretung zu sorgen.

Quelle: Lippe-Heinrich nach HWK Hamburg (Hg.) 2003, c.)

6.5 Rollenspiel 9: Aushandlungsprozesse in einer Ehe mit Kindern

Ziel:
Überprüfen und Infragestellen von stereotypen Geschlechterrollen, insbes. der Rolle der Mutter, welche als Hausfrau ausschließlich für die Familie tätig ist und auch den Beruf aufgeben musste, damit der Mann sich uneingeschränkt der Karriere widmen konnte

Methode:
Simulation eines Aushandlungsprozesses zwischen Eheleuten
Rollenspiel mit Präsentation im Plenum
(Erarbeitung ca. 25 Min. durch Gruppe von 2–3 Personen und ca. 5–10 Minuten Präsentation im Plenum)
Interpretation und Reflexion des Spiels durch die Anwesenden
Freiwilligkeit der Präsentation

Aufgabenbeschreibung:
Mann
Sie haben eine verantwortungsvolle Stelle im Bereich des Handels inne. Sie sind Familienvater mit drei Kindern. Ihre Ehefrau hat nie gearbeitet und sich immer nur um die Familie gekümmert. Sie bringt Ihnen bei, dass sie sich im politischen Leben Ihrer Gemeinde betätigen möchte. Sie sind bereit, ihre Entscheidung zu akzeptieren, unter der Bedingung, dass sich an der Organisation des Familienlebens und der Arbeitsteilung in der Familie nichts ändert.
Frau
Sie sind 40 und Mutter von drei Kindern. Sie haben sich bis heute Ihrer Rolle als Ehefrau und Mutter gewidmet. Sie waren seit der Geburt des ersten Kindes nicht mehr erwerbstätig und haben als Hausfrau die Familie versorgt. Ihr Mann hat Karriere gemacht und eine verantwortungsvolle Position im Bereich des Handels inne. Sie bringen ihm bei, dass sich nun, da die Kinder größer sind, einiges ändern muss und Sie sich am politischen Leben Ihrer Gemeinde beteiligen möchten.
Quelle: Lippe-Heinrich nach HWK Hamburg (Hg.) 2003, c.)

Rollenspiel 10: Aushandlungsprozesse in einer Ehe mit Kindern

Ziel:

Überprüfen und Infragestellen von stereotypen Geschlechterrollen, insbes. der Rolle der Mutter, welche als Hausfrau ausschließlich für die Familie tätig ist und auch den Beruf aufgeben musste, damit der Mann sich uneingeschränkt der Karriere widmen konnte

Methode:

Simulation eines Aushandlungsprozesses zwischen Eheleuten

Rollenspiel mit Präsentation im Plenum

(Erarbeitung ca. 25 Min. durch Gruppe von 2–3 Personen und ca. 5–10 Minuten Präsentation im Plenum)

Interpretation und Reflexion des Spiels durch die Anwesenden

Freiwilligkeit der Präsentation

Aufgabenbeschreibung:

Frau

Sie sind eine Ehefrau mit drei Kindern und haben eine verantwortungsvolle Position im Beruf. Ihr Ehemann hat nie gearbeitet und sich immer nur um die Familie gekümmert. Er bringt Ihnen bei, dass er sich im politischen Leben Ihrer Gemeinde betätigen möchte. Sie sind bereit, seine Entscheidung zu akzeptieren, unter der Bedingung, dass sich an der Organisation des Familienlebens und der Arbeitsteilung in der Familie nichts ändert.

Mann

Sie sind 40 und Vater von drei Kindern. Sie haben sich bis heute Ihrer Rolle als Ehe- und Hausmann gewidmet und drei Kinder großgezogen. Sie sind seit der Geburt des ersten Kindes nicht mehr erwerbstätig gewesen. Ihre Frau hat Karriere gemacht und eine verantwortungsvolle Position im Bereich des Handels inne. Sie bringen ihr bei, dass sich nun, da die Kinder größer sind, einiges ändern muss und Sie sich am politischen Leben Ihrer Gemeinde beteiligen möchten.

Quelle: Lippe-Heinrich nach HWK Hamburg (Hg.) 2003, c.)

6.6 Rollenspiel 11: Berufsbilder Sanitärhandwerk und Soziales (Mädchen)

Feinziel:

Überprüfen und Infragestellen von stereotypen Berufsbildern und geschlechtsspezifischen Zuschreibungen von Tätigkeiten und Eigenschaften

Methode:

Simulation eines Berufswahlgesprächs in der Familie

Recherche der Berufsbilder und benachbarter Ausbildungsberufe bzw. der Anforderungen inkl. der Bezahlung in o. g. Ausbildungsberufen (s. Verzeichnis der anerkannten Ausbildungsberufe, https://www.bibb.de/de/65925, php [12.10.2022 11:50]), ergänzend http://www.zdh.de)

Rollenspiel mit Präsentation im Plenum

(Erarbeitung ca. 25 Min. durch Gruppe von 2–3 Personen und ca. 5–10 Minuten Präsentation im Plenum)

Interpretation und Reflexion des Spiels durch die Anwesenden

Freiwilligkeit der Präsentation

Aufgabenbeschreibung:

Mädchen

Im Laufe einer Unterhaltung mit Ihrer Mutter haben Sie Ihr Vorhaben angekündigt, dass Sie eine dreijährige duale Ausbildung zum Installateur im Sanitär-Handwerk machen wollen. Sie sind sehr motiviert und Ihre Entscheidung ist getroffen. Sie müssen sie davon überzeugen, dass dieser Beruf zu Ihnen passt.

Mutter

Im Lauf einer Unterhaltung verkündet Ihnen Ihre Tochter, dass Sie den Plan hat, sich in einem benachbarten Handwerksbetrieb als Auszubildende im Sanitärhandwerk ausbilden zu lassen. Sie denken, dass dies kein Beruf für eine Frau ist, und wollen ihr diesen Plan absolut ausreden.

Quelle: Lippe-Heinrich 2022

Rollenspiel 12: Berufsbilder Sanitärhandwerk und Soziales (Junge)

Feinziel:

Überprüfen und Infragestellen von stereotypen Berufsbildern und geschlechtsspezifischen Zuschreibungen von Tätigkeiten und Eigenschaften

Methode:

Simulation eines Berufswahlgesprächs in der Familie

Recherche der Berufsbilder und benachbarter Ausbildungsberufe bzw. der Anforderungen inkl. der Bezahlung in o. g. Ausbildungsberufen (s. Verzeichnis der anerkannten Ausbildungsberufe, https://www.bibb.de/de/65925, php [12.10.2022 11:50]), ergänzend http://www.zdh.de)

Rollenspiel mit Präsentation im Plenum

(Erarbeitung ca. 25 Min. durch Gruppe von 2–3 Personen und ca. 5–10 Minuten Präsentation im Plenum)

Interpretation und Reflexion des Spiels durch die Anwesenden

Freiwilligkeit der Präsentation

Aufgabenbeschreibung:

Junge

Im Laufe einer Unterhaltung mit Ihrem Vater haben Sie Ihr Vorhaben angekündigt, dass Sie eine Ausbildung zum Erzieher machen wollen und später einmal in einer Kindertagesstätte (Kita) mit Kleinkindern arbeiten wollen. Sie haben auch schon ein Praktikum in einer Kita gemacht und festgestellt, dass Ihnen dieser Beruf sehr liegt. Sie sind sehr motiviert und Ihre Entscheidung ist getroffen. Sie müssen ihn davon überzeugen, dass dieser Beruf zu Ihnen passt.

Vater

Im Lauf einer Unterhaltung verkündet Ihnen Ihr Sohn, dass er den Plan hat, Erzieher zu werden und im Bereich Soziales ein Studium zu absolvieren. Sie denken, dass dies kein Beruf für einen Mann ist, und wollen ihm diesen Plan absolut ausreden. Sie möchten gern, dass Ihr Sohn einen „richtigen" Beruf erlernt.

Quelle: Lippe-Heinrich

6.7 Rollenspiel 13: Berufsbilder Metallverarbeitung und Lehramt (Mädchen)

Feinziel:

Überprüfen und Infragestellen von stereotypen Berufsbildern und geschlechtsspezifischen Zuschreibungen von Tätigkeiten und Eigenschaften

Recherche der Berufsbilder, der Anforderungen inkl. der Bezahlung in beiden o. g. Beschäftigungsbereichen (s. Verzeichnis der anerkannten Ausbildungsberufe 2022, s. http:// bibb.de./de/65925.php [12.10.2022, 12:08])

Methoden:

Rollenspiel mit Präsentation im Plenum

(Erarbeitung ca. 25 Min. durch Gruppe von 2–3 Personen und ca. 5–10 Minuten Präsentation im Plenum)

Interpretation und Reflexion des Spiels durch die Anwesenden

Freiwilligkeit der Präsentation

Aufgabenbeschreibung:

Mädchen

Die 14-jährige Tochter des Ehepaars Schmidt ist sehr gut in der Schule und hat sehr gute Noten. Sie hat sich überlegt, dass sie nach dem Mittleren Schulabschluss weiter lernen will und nach dem Schulbesuch gerne im Metallhandwerk einen Ausbildungsberuf lernen würde.

Eltern

Dies ist nicht der Wunschberuf ihres Vaters. Er versucht sie umzustimmen. Die Mutter versucht auszugleichen und zu vermitteln. Sie macht den Vorschlag, das Mädchen soll in den Lehrberuf gehen, weil dieser sich so viel besser eignet für eine Frau. Das Mädchen ist jedoch ernsthaft entschlossen, einen Beruf im Bereich der Metallverarbeitung zu ergreifen und überzeugt, dass dies die richtige Entscheidung für sie sein wird.

Quelle: Lippe-Heinrich

Rollenspiel 14: Berufsbilder Metallverarbeitung und Lehramt (Jungen)

Feinziel:

Überprüfen und Infragestellen von stereotypen Berufsbildern und geschlechtsspezifischen Zuschreibungen von Tätigkeiten und Eigenschaften

Recherche der Berufsbilder, der Anforderungen inkl. der Bezahlung in beiden o. g. Beschäftigungsbereichen (s. Verzeichnis der anerkannten Ausbildungsberufe 2022, s. http:// bibb.de./de/65925.php [12.10.2022, 12:08])

Methoden:

Rollenspiel mit Präsentation im Plenum

(Erarbeitung ca. 25 Min. durch Gruppe von 2–3 Personen und ca. 5–10 Minuten Präsentation im Plenum)

Interpretation und Reflexion des Spiels durch die Anwesenden

Freiwilligkeit der Präsentation

Aufgabenbeschreibung:

Junge

Der 14-jährige Sohn des Ehepaars Schmidt ist sehr gut in der Schule und hat sehr gute Noten. Er hat sich überlegt, dass er nach dem Mittleren Schulabschluss weiter zur Schule gehen will und danach gerne das Fach Soziales studieren würde. Er würde später gerne auf dem Jugendamt als Pfleger arbeiten.

Eltern

Dies ist nicht der Wunschberuf seines Vaters. Er versucht ihn umzustimmen. Die Mutter versucht auszugleichen und zu vermitteln. Der Junge ist ernsthaft entschlossen, diesen Beruf zu ergreifen und überzeugt, dass dies die richtige Entscheidung für ihn sein wird.

Spielanweisung:

Bildet eine Kleingruppe von max. 4 Personen, davon ein Gender-Duo. Recherchiert das Berufsbild und diskutiert anschließend über die Anforderungen sowie die Vor- und Nachteile für eine Frau/einen Mann. Fasst diese zusammen und präsentiert das Rollenspiel im Plenum. Die Beobachter berichten über die Entwicklung der Dialoge und es wird im Plenum darüber diskutiert.

Zeitbedarf: insgesamt ca. 30 Minuten pro Spiel

Quelle: Lippe-Heinrich

6.8 Rollenspiel 15: Berufsbild: Erzieher, allein unter Frauen als „Hahn im Korb"

Feinziel:

Sensibilisierung für neue Rollenbilder und Berufswahlmuster
Kennenlernen des Berufsbilds Erzieher
Stärkung der Fähigkeit sich verbal auszudrücken und
sich über seine Gefühle und Wünsche klar zu werden,
aber auch der sozio-kulturellen Einflüsse, welche diese prägen

Methode:

Rollenspiel
Recherche zum Berufsbild in der Kleingruppe (max. 4 Personen) (s. Verzeichnis der anerkannten Ausbildungsberufe 2022, s. http://bibb.de./de/65925.php [12.10.2022, 12:08])
Story-Telling
Reflexion zum Spiel und Erfahrungsaustausch im Plenum

Aufgabenbeschreibung:

Nicht alle finden es cool, aber Tobias wird Erzieher und arbeitet im Kindergarten. Er wird immer selbstbewusster, da er als junger Mann einen ganz besonderen Status hat.

„Andere Jungs spielten mit ihren Autos, stattdessen spielte ich mit Puppen und kämmte und badete sie gerne", erzählt Tobias Martin, Erzieher in einer großen Stadtteilkita. Seine Freunde und seine Familie sind skeptisch, ob er langfristig zufrieden sein wird.

Spielanweisung:

Bildet eine Kleingruppe von max. 4 Personen, davon ein Gender-Duo. Recherchiert das Berufsbild inkl. der Bezahlung in diesem Beruf und diskutiert anschließend über die Anforderungen sowie die Vor- und Nachteile für eine Frau/ einen Mann. Fasst diese zusammen und präsentiert das Rollenspiel im Plenum. Die Beobachter berichten über die Entwicklung der Dialoge und es wird im Plenum darüber diskutiert.
Zeitbedarf: insgesamt ca. 30 Minuten pro Spiel
Quelle: Lippe-Heinrich

Rollenspiel 16: Berufsbild: Bauleitung: Allein unter Männern als „Maskottchen"

Feinziel:

Sensibilisierung für neue Rollenbilder und Berufswahlmuster
Kennenlernen des Berufsbilds Bauleitung
Stärkung der Fähigkeit sich verbal auszudrücken und
sich über seine Gefühle und Wünsche klar zu werden,
aber auch der sozio-kulturellen Einflüsse, welche diese prägen

Methode:

Rollenspiel
Recherche zum Berufsbild in der Kleingruppe (max. 4 Personen) (s. Verzeichnis der anerkannten Ausbildungsberufe 2022, s. http://bibb.de./de/65925.php [12.10.2022, 12:08])
Story-Telling
Reflexion zum Spiel und Erfahrungsaustausch im Plenum

Aufgabenbeschreibung:

Einige Männer sind irritiert, aber Suse wird die neue „Bauleiterin" bei einem großen Bauprojekt und ist nicht nur gut ausgebildet, sondern auch ehrgeizig. Sie wird immer selbstbewusster, da sie als junge Frau einen ganz besonderen Status hat.

„Andere Mädchen spielten mit ihren Puppen, stattdessen spielte ich immer in der Bauecke", erzählt Suse, Bauleiterin auf einer großen Prestige-Baustelle im Zentrum der Großstadt.

Ihre Freundinnen und Eltern sind skeptisch, ob sie langfristig zufrieden sein wird.

Spielanweisung:

Bildet eine Kleingruppe von max. 4 Personen, davon ein Gender-Duo. Recherchiert das Berufsbild, aber auch die Bezahlung in dieser beruflichen Tätigkeit und diskutiert anschließend die Anforderungen sowie die Vor- und Nachteile für eine Frau/einen Mann. Fasst diese zusammen und präsentiert das Rollenspiel im Plenum. Die Beobachter berichten über die Entwicklung der Dialoge und es wird im Plenum darüber diskutiert.
Zeitbedarf: insgesamt ca. 30 Minuten pro Spiel
Quelle: Lippe-Heinrich

6.9 Rollenspiel 17: Berufswahl: Informatik oder Kaufmann/Kauffrau für Bürokommunikation?

Feinziel:

Überprüfen und Infragestellen von stereotypen Berufsbildern und geschlechtsspezifischen Zuschreibungen von Tätigkeiten und Eigenschaften

Methode:

Recherche von Berufsbildern im Bereich der o. g. Berufsbereiche inkl. benachbarter Tätigkeiten (s. Verzeichnis der anerkannten Ausbildungsberufe 2022, s. http://bibb.de./de/65925.php [12.10.2022, 12:08])
Rollenspiel mit Präsentation im Plenum
(Erarbeitung ca. 25 Min. durch Gruppe von 2–3 Personen und ca. 5–10 Minuten Präsentation im Plenum)
Interpretation und Reflexion des Spiels durch die Anwesenden
Freiwilligkeit der Präsentation

Aufgabenbeschreibung:

Der 14-jährige Sohn Thomas des Ingenieurs Herrn Meyer hat sich überlegt, dass er nach dem Mittleren Schulabschluss gerne Krankenpfleger werden würde. Dies ist nicht der Wunschberuf seines Vaters. Er versucht ihn auf einen Beruf im Bereich der Informationstechnik umzustimmen. Die Mutter versucht auszugleichen und zu vermitteln. Der Junge ist ernsthaft entschlossen, die soziale Richtung im Beruf zu ergreifen, und überzeugt, dass dies die richtige Entscheidung für ihn sein wird.

Quelle: Lippe-Heinrich

Rollenspiel 18: Berufswahl: Informatik oder Kaufmann/ Kauffrau für Bürokommunikation?

Feinziel:
Überprüfen und Infragestellen von stereotypen Berufsbildern und geschlechtsspezifischen Zuschreibungen von Tätigkeiten und Eigenschaften

Methode:
Recherche von Berufsbildern im Bereich der o. g. Berufsbereiche inkl. benachbarter Tätigkeiten (s. Verzeichnis der anerkannten Ausbildungsberufe 2022, s. http://bibb.de./de/65925.php [12.10.2022, 12:08])
Rollenspiel mit Präsentation im Plenum
(Erarbeitung ca. 25 Min. durch Gruppe von 2–3 Personen und ca. 5–10 Minuten Präsentation im Plenum)
Interpretation und Reflexion des Spiels durch die Anwesenden
Freiwilligkeit der Präsentation

Aufgabenbeschreibung:
Die 15-jährige Tochter Ina eines Einwandererpaares hat sich überlegt, dass sie gerne Ingenieurin werden würde. Dafür will sie Elektrotechnik und Informatik studieren. Dies ist nicht der Wunschberuf ihrer Eltern, schon gar nicht ihres Vaters. Er versucht sie umzustimmen und für einen Beruf im Bereich Soziales, z.B. im Bereich Pflege zu motivieren.Die Mutter versucht auszugleichen und zu vermitteln. Das Mädchen ist ernsthaft entschlossen, Elektrotechnik und Informatik zu studieren und einen technischen Beruf zu ergreifen. Sie ist überzeugt, dass dies die richtige Entscheidung für sie sein wird.

Quelle: Lippe-Heinrich

7 Strategie-Spiele zur Gleichstellung in Beruf und Familie

Für die nachfolgenden Strategie-Spiele gelten im Wesentlichen die gleichen Ziele und einzusetzenden Methoden wie für die zuvor dargestellten Rollenspiele und Übungen in Kapitel 6. Auch hier gilt die freie Ausgestaltung der Spiele durch die Spielenden vor dem Hintergrund freiwilliger Rollenübernahme und aktiver Gruppenarbeit.

Darüber hinaus werden bei den folgenden Rollenspielen strategische Interaktions- und Kommunikationsprozesse zwischen beteiligten Frauen und Männern thematisiert und angeregt, mit dem Ziel der Stärkung und Förderung verbaler Durchsetzungsfähigkeit von Frauen bei der Einforderung gleichwertiger und gleichartiger Rechte und Privilegien.

Bei den folgenden Strategie-Spielen ist es ebenso wichtig, wie bei den vorangegangenen Orientierungsspielen zur Berufswahl die richtigen Argumente zu setzen.

Insofern sollten die einzelnen Spielgruppen die Gelegenheit erhalten, eine angemessene Zeit zur Vorbereitung ihrer Präsentation zu erhalten. Indem sie z.B. die Möglichkeit erhalten, im Internet per Smartphone oder Laptop zu recherchieren, was die jeweilige Situation kennzeichnet und was dafür oder dagegen spricht bzw. welche rein rechtlichen Gegebenheiten dazu existieren, erhalten die Spielpersonen eine Einweisung in die Routine selbstorganisierter Recherche und damit entdeckenden Lernens. Sie werden somit in die Lage versetzt, sich eigenständige Problemlösungsansätze zu erarbeiten, was ganz im Sinne ganzheitlicher Aufgabenstellungen ist und ein zentrales Lernziel der vorliegenden Spiele, Übungen und Projektbeispiele.

Für die einzelnen Spielpersonen gilt, dass sie sich in die jeweilige Rolle einfühlen und dann zielgerichtet ihre Position mit guten Argumenten im Rollenspiel vertreten sollen. Hier tritt das Motiv emotionaler Beteiligung, welches im Story-Telling betont wird, besonders stark zutage, da alle folgenden Aufgaben mehr oder weniger konfliktbehaftet sind und einer Lösung, einer begründeten Entscheidung zugeführt werden sollen.

Es geht darum, in den Entscheidungstrainings sowohl seinen Gefühlen Ausdruck zu verleihen als auch darum, sachlich zu bleiben und sich mit guten Gründen und besseren Argumenten in eine verbesserte Situation bzw. Position zu bringen. Dies kann sowohl Frauen und Männern als auch Mädchen und Jungen erlauben, ihre Gefühle und Gedanken besser ausdrücken zu lernen. Nur so kann Klarheit in die bewusste Gestaltung der weiteren Berufs- und Lebensplanung gebracht werden. Zudem werden mögliche Alternativen zu traditionellen Verhaltensmustern aufgezeigt und Anregungen für neue Formen der Laufbahn- und Lebensplanung kennengelernt, aber auch Alternativen und Lösungsansätze, wie ggf. auftretende Barrieren bei der Entwicklung der Wunschvorstellungen zu überwinden sind.

Ziele: siehe die Ziele von 6

Methode für alle Spiele dieses Kapitels:
Entscheidungsspiel mit Variantenbildung
Gender Training
Recherche zum Berufsbild in einer Kleingruppe
Diskussion und Austausch von Argumenten in der Kleingruppe
Entscheidungsfindung und Formulierung einer abgestimmten, sachlich gut recherchierten Begründung
Berichterstattung im Plenum
Reflexion zum Spiel und Erfahrungsaustausch im Plenum

Zur Durchführung für alle nachfolgenden Trainings und Entscheidungsspiele:

Training 1–24 sowie Entscheidungsspiele
Bildet eine Kleingruppe von max. 4 Personen, sofern es passt, u.a. ein Gender-Duo. Verteilt die Rollen in der Kleingruppe. Recherchiert die Ausgangslage und diskutiert anschließend die Argumente der Beteiligten u.a. hinsichtlich der Anforderungen in Beruf und Berufspraxis sowie die Vor- und Nachteile für eine Frau/einen Mann. Fasst diese schriftlich zusammen und einigt Euch über die Präsentation. Ein Gender-Duo spielt das Ergebnis Eurer Diskussion. Die Beobachter berichten über die Entwicklung und Abstimmung der Dialoge und es wird im Plenum darüber diskutiert.

7.1 Training 1: Wer die Wahl hat ... (Frau)

Feinziel: Durchsetzung berechtigter Interessen

Methode:
Entscheidungsspiel mit Variantenbildung
Gender Training
Recherche zum Berufsbild in einer Kleingruppe
Diskussion und Austausch von Argumenten in der Kleingruppe
Entscheidungsfindung und Formulierung einer abgestimmten, sachlich gut recherchierten Begründung
Berichterstattung im Plenum
Reflexion zum Spiel und Erfahrungsaustausch im Plenum

Aufgabenbeschreibung:
Franziska (21) hat nach dem Abitur einen sehr guten Berufsabschluss als Informatikkauffrau gemacht. Sie möchte gern in ihrem Ausbildungsbetrieb ins Management einsteigen und dort Karriere machen. Obgleich sie im Bewerbungsverfahren in die engere Wahl kommt, fällt letztlich die Wahl auf einen jungen Mann mit einem schlechteren Abschlusszeugnis. Sie fühlt sich zurückgesetzt und will ihren Karrierewunsch vertreten. Daher verlangt sie nach einem Termin mit dem Personalverantwortlichen, der maßgeblich diese Entscheidung verantwortet.

Zur Durchführung:
Bildet eine Kleingruppe von max. 4 Personen, sofern es passt, u.a. ein Gender-Duo. Verteilt die Rollen in der Kleingruppe. Recherchiert die Ausgangslage und diskutiert anschließend die Argumente der Beteiligten u.a. hinsichtlich der Anforderungen in Beruf und Berufspraxis sowie die Vor- und Nachteile für eine Frau/einen Mann. Fasst diese schriftlich zusammen und einigt Euch über die Präsentation. Ein Gender-Duo spielt das Ergebnis Eurer Diskussion. Die Beobachter berichten über die Entwicklung und Abstimmung der Dialoge und es wird im Plenum darüber diskutiert.

Quelle: Lippe-Heinrich

Training 2: Wer die Wahl hat ... (Mann)

Feinziel: Durchsetzung berechtigter Interessen

Methode:
Entscheidungsspiel mit Variantenbildung
Gender Training
Recherche zum Berufsbild in einer Kleingruppe
Diskussion und Austausch von Argumenten in der Kleingruppe
Entscheidungsfindung und Formulierung einer abgestimmten, sachlich gut recherchierten Begründung
Berichterstattung im Plenum
Reflexion zum Spiel und Erfahrungsaustausch im Plenum

Aufgabenbeschreibung:
Bernhard hat nach dem Abitur einen sehr guten Berufsabschluss als Informatikkaufmann gemacht. Er hat vor, in seinem Ausbildungsbetrieb ins Management einzusteigen und dort Karriere zu machen. Obgleich Bernhard einen besseren Abschluss hat als seine weibliche Mitbewerberin und ebenso wie sie im Bewerbungsverfahren in die engere Wahl kommt, fällt letztlich die Wahl auf sie. Er fühlt sich zurückgesetzt und will seinen Karrierewunsch vertreten.Daher verlangt er nach einem Termin mit dem Personalverantwortlichen, der maßgeblich diese Entscheidung verantwortet.

Zur Durchführung:
Bildet eine Kleingruppe von max. 4 Personen, sofern es passt, u.a. ein Gender-Duo. Verteilt die Rollen in der Kleingruppe. Ihr recherchiert die Ausgangslage und diskutiert anschließend die Argumente der Beteiligten u.a. hinsichtlich der Anforderungen in Beruf und Berufspraxis sowie die Vor- und Nachteile für eine Frau/einen Mann. Fasst diese schriftlich zusammen und einigt Euch über die Präsentation. Ein Gender-Duo spielt das Ergebnis Eurer Diskussion.
Die Beobachter berichten über die Entwicklung und Abstimmung der Dialoge und es wird im Plenum darüber diskutiert.

Quelle: Lippe-Heinrich

7.2 Training 3: Geschlechtsspezifisches Einstellungsverhalten (Frau)

Feinziel: Erfolgreiche Bewerbung um eine für eine Frau untypische Position

Methode:
Entscheidungsspiel als Gendertraining mit Variantenbildung
Recherche zum Berufsbild in der Kleingruppe, s. Verzeichnis der anerkannten Ausbildungsberufe 2022, s. http://bibb.de./de/65925.php [12.10.2022, 12:08]
Diskussion und Austausch von Argumenten in der Kleingruppe
Berichterstattung im Plenum
Reflexion zum Spiel und Erfahrungsaustausch im Plenum

Aufgabenbeschreibung:
Mann
Sie sind die Person, die mit der Personaleinstellung eines Unternehmens der Metallurgie beauftragt ist. Sie wissen, dass das Unternehmen noch niemals eine Frau als Chef der Fertigung bzw. als Leiterin des Qualitätsmanagements eingestellt hat. Sie empfangen eine Bewerberin, um sich von ihrer Motivation und von ihren Fähigkeiten zu überzeugen, sich in einer Umgebung von Männern als Führungskraft zu behaupten.
Frau
Sie wurden eingeladen, sich über eine Anstellung als Leiterin des Qualitätsmanagements in einer Eisengießerei eines Unternehmens der Metallurgie zu unterhalten. Sie wären die erste Frau, die auf einem derartigen Posten beschäftigt wird. Sie sind dazu prädestiniert, diese Position zu erhalten.

Zur Durchführung:
Bildet eine Kleingruppe von max. 4 Personen, u.a. ein Gender-Duo, und verteilt die Rollen. Recherchiert die Ausgangslage und diskutiert anschließend die Argumente der Beteiligten u.a. hinsichtlich der Anforderungen in Beruf und Berufspraxis sowie die Vor- und Nachteile. Fasst diese schriftlich zusammen und einigt Euch über die Präsentation. Ein Gender-Duo spielt das Ergebnis Eurer Diskussion. Ein Beobachter berichtet über die Entwicklung und Abstimmung der Dialoge und es wird im Plenum darüber diskutiert.

Quelle: Lippe-Heinrich nach HWK Hamburg (Hg.) 2003, c.)

Training 4: Geschlechtsspezifisches Einstellungsverhalten (Mann)

Feinziel: Erfolgreiche Bewerbung um eine für einen Mann untypische Position

Methode:

Entscheidungsspiel als Gendertraining mit Variantenbildung hinsichtlich der Entscheidung
Recherche zum Berufsbild in der Kleingruppe, s. Verzeichnis der anerkannten Ausbildungsberufe 2022, s. http://bibb.de./de/65925.php [12.10.2022, 12:08]
Diskussion, Reflexion und Austausch von Argumenten in der Kleingruppe und im Plenum

Aufgabenbeschreibung:

Frau
Sie sind die Person, die mit der Personaleinstellung eines Unternehmens in der Gesundheitswirtschaft beauftragt ist. Sie wissen, dass das Unternehmen noch niemals einen Mann als Krankenpfleger für die Kinderabteilung eingestellt hat. Sie empfangen einen Bewerber, um sich von seiner Motivation und von seinen Fähigkeiten zu überzeugen, sich in einer Umgebung von Frauen als Mitarbeiter zu bewähren.
Mann
Sie wurden eingeladen, sich über eine Anstellung als Krankenpfleger in der Kinderabteilung zu unterhalten. Sie wären der erste Mann, der in einer derartigen Stelle im Krankenhaus arbeitet. Sie sind dazu prädestiniert, diese Position zu erhalten.

Zur Durchführung:

Bildet eine Kleingruppe von max. 4 Personen oder alternativ dazu ein Gender-Duo. Verteilt die Rollen in der Kleingruppe. Recherchiert die Ausgangslage und diskutiert anschließend die Argumente der Beteiligten u.a. hinsichtlich der Anforderungen in Beruf und Berufspraxis sowie die Vor- und Nachteile für eine Frau/einen Mann. Fasst diese schriftlich zusammen und einigt Euch über die Präsentation. Ein Gender-Duo spielt das Ergebnis Eurer Diskussion. Die Beobachter berichten über die Entwicklung und Abstimmung der Dialoge und es wird im Plenum darüber diskutiert.

Quelle: Lippe-Heinrich

7.3 Training 5: Gläserne Decke/„Bamboo-Ceiling" (Frau)

Feinziel: Durchsetzungstraining

Methode

Entscheidungsspiel mit Variantenbildung
Gender Training
Recherche zur Definition „Führungskraft" sowie „Gremien mitbestimmungspflichtiger Unternehmen"
Diskussion und Austausch von Argumenten in der Kleingruppe
Entscheidungsfindung und Formulierung einer abgestimmten, sachlich gut recherchierten Begründung
Berichterstattung im Plenum, Reflexion zum Spiel und Erfahrungsaustausch

Aufgabe:

Sie sind die einzige Frau im mittleren Management eines namhaften Unternehmens des Maschinenbaus, dessen Aufsichtsrat noch über keine einzige Frau verfügt. Jetzt ist eine Stelle frei geworden und soll neu besetzt werden. Ihre Firma ist mitbestimmungspflichtig und unterliegt seit 2015 dem Gesetz zur Quote. Sie hatten sich um einen Sitz im Aufsichtsrat beworben, wurden aber nicht berücksichtigt, obgleich Sie über alle erforderlichen Kompetenzen verfügen. Sie haben um ein Gespräch mit dem Personalchef der Firma gebeten, um sich über die Gründe zu informieren und Ihren Karrierewunsch zu kommunizieren.

Zur Durchführung:

Bildet eine Kleingruppe von max. 4 Personen, sofern es passt, u.a. ein Gender-Duo. Verteilt die Rollen in der Kleingruppe.Recherchiert die Ausgangslage und diskutiert anschließend die Argumente der Beteiligten u.a. hinsichtlich der Anforderungen in Beruf und Berufspraxis sowie die Vor- und Nachteile für eine Frau/einen Mann. Fasst diese schriftlich zusammen und einigt Euch über die Präsentation. Ein Gender-Duo spielt das Ergebnis Eurer Diskussion.
Die Beobachter berichten über die Entwicklung und Abstimmung der Dialoge und es wird im Plenum darüber diskutiert.

Quelle: Lippe-Heinrich

Training 6: Bamboo-Ceiling (Mann)

Feinziel: Erwerb von Genderkompetenz und Perspektivwechsel

Methode

Entscheidungsspiel mit Variantenbildung
Gender Training
Recherche zur Definition „Führungskraft" sowie „Gremien mitbestimmungspflichtiger Unternehmen"
Diskussion und Austausch von Argumenten in der Kleingruppe
Entscheidungsfindung und Formulierung einer abgestimmten, sachlich gut recherchierten Begründung
Berichterstattung im Plenum, Reflexion zum Spiel und Erfahrungsaustausch

Aufgabe:

Sie sind der einzige Mann im mittleren Management eines namhaften Unternehmens der Flugzeugindustrie, dessen Aufsichtsrat noch über keine einzige Frau verfügt. Jetzt ist eine Stelle frei geworden und soll neu besetzt werden.Ihre Firma ist mitbestimmungspflichtig und unterliegt seit 2015 dem Gesetz zur Quote. Sie hatten sich um einen Sitz im Aufsichtsrat beworben, wurden aber nicht berücksichtigt, obgleich Sie über alle erforderlichen Kompetenzen verfügen. Sie haben erfahren, dass statt Ihnen eine jüngere Bewerberin mit weniger Erfahrung diesen Sitz im Aufsichtsrat erhalten hat. Sie haben um ein Gespräch mit dem Personalchef der Firma gebeten, um sich über die Gründe zu informieren und Ihren Karrierewunsch zu kommunizieren.

Zur Durchführung:

Bildet eine Kleingruppe von max. 4 Personen, sofern es passt, u.a. ein Gender-Duo. Recherchiert die Ausgangslage und diskutiert anschließend die Argumente der Beteiligten u.a. hinsichtlich der Anforderungen in Beruf und Berufspraxis sowie die Vor- und Nachteile für eine Frau/einen Mann. Fasst diese schriftlich zusammen und einigt Euch über die Präsentation. Ein Gender-Duo spielt das Ergebnis Eurer Diskussion. Die Beobachter berichten über die Entwicklung und Abstimmung der Dialoge und es wird im Plenum darüber diskutiert.

Quelle: Lippe-Heinrich

7.4 Training 7: Geschlechtsspezifischer Führungsstil (Mann)

Feinziel: Erwerb von Genderkompetenz und Perspektivwechsel

Methode

Entscheidungsspiel mit Variantenbildung
Gender Training
Recherche zum Berufsbild in einer Kleingruppe
Diskussion und Austausch von Argumenten in der Kleingruppe
Entscheidungsfindung und Formulierung einer abgestimmten, sachlich gut recherchierten Begründung
Berichterstattung im Plenum
Reflexion zum Spiel und Erfahrungsaustausch im Plenum

Aufgabe:

Vorgesetzter (männlich, 55 Jahre):
Es gibt Engpässe in der Produktion. Heute Nachmittag gegen 17 Uhr wird eine Teambesprechung angesetzt, um auftretende Probleme in der Arbeitsorganisation zu besprechen. Es sind kurzfristig Lösungen zu erarbeiten und abzustimmen.
Nachwuchskraft (motiviert, Mutter eines 2-jährigen Kleinkindes):
Können wir bitte die Besprechung auf morgen früh um 10 Uhr ansetzen, wie es z.B. in skandinavischen Ländern üblich ist, um Eltern nicht zu benachteiligen?

Zur Durchführung:

Bildet eine Kleingruppe von max. 4 Personen, u.a. ein Gender-Duo. Verteilt die Rollen. Recherchiert die Ausgangslage und diskutiert anschließend die Argumente der Beteiligten u.a. hinsichtlich der Anforderungen in Beruf und Berufspraxis sowie die Vor- und Nachteile für eine Frau/einen Mann. Fasst diese schriftlich zusammen und einigt Euch über die Präsentation. Ein Gender-Duo spielt das Ergebnis Eurer Diskussion. Die Beobachter berichten über die Entwicklung und Abstimmung der Dialoge und es wird im Plenum darüber diskutiert.

Quelle: Lippe-Heinrich

Training 8: Geschlechtsspezifischer Führungsstil (Frau)

Feinziel: Erwerb von Genderkompetenz und Perspektivwechsel

Methode

Entscheidungsspiel mit Variantenbildung
Gender Training
Recherche zum Berufsbild in einer Kleingruppe
Diskussion und Austausch von Argumenten in der Kleingruppe
Entscheidungsfindung und Formulierung einer abgestimmten, sachlich gut recherchierten Begründung
Berichterstattung im Plenum, Reflexion zum Spiel und Erfahrungsaustausch

Aufgabe:

Vorgesetzte (weiblich, 55 Jahre):
Es gibt Engpässe in der Produktion. Heute Nachmittag gegen 17 Uhr wird eine Teambesprechung angesetzt, um auftretende Probleme in der Arbeitsorganisation zu besprechen. Es sind kurzfristig Lösungen zu erarbeiten und abzustimmen.
Nachwuchskraft (motiviert, Vater eines 2-jährigen Kleinkindes):
Können wir bitte die Besprechung auf morgen früh um 10 Uhr ansetzen, wie es z.B. in skandinavischen Ländern üblich ist, um Eltern nicht zu benachteiligen?

Zur Durchführung:

Bildet eine Kleingruppe von max. 4 Personen, u.a. ein Gender-Duo. Verteilt die Rollen. Recherchiert die Ausgangslage und diskutiert anschließend die Argumente der Beteiligten u.a. hinsichtlich der Anforderungen in Beruf und Berufspraxis sowie die Vor- und Nachteile für eine Frau/einen Mann. Fasst diese schriftlich zusammen und einigt Euch über die Präsentation. Ein Gender-Duo spielt das Ergebnis Eurer Diskussion. Die Beobachter berichten über die Entwicklung und Abstimmung der Dialoge und es wird im Plenum darüber diskutiert.

Quelle: Lippe-Heinrich

7.5 Training 9: Karriereplanung unter strategischer Perspektive (Mann)

Feinziel: Erwerb von Genderkompetenz und Perspektivwechsel

Methode

Entscheidungsspiel als Gendertraining mit Variantenbildung
Recherche zum Berufsbild
Diskussion und Austausch von Argumenten in der Kleingruppe
Entscheidungsfindung und Formulierung einer abgestimmten, sachlich gut recherchierten Begründung
Berichterstattung, Reflexion und Erfahrungsaustausch im Plenum

Aufgabe:

Frau
Sie sind die Geschäftsführerin einer bedeutenden Firma. Sie haben zum ersten Mal einen jungen Mann als Kopf der Abteilung Finanzen eingesetzt. Dieser neue Mitarbeiter, der als obere Führungskraft eingestellt wurde, bittet Sie kurz nach der Probezeit um ein Gespräch.
Junger Mann
Sie wurden kürzlich zum Leiter der Abteilung Finanzen in Ihrer Firma berufen. Sie sind gerade aus der Probezeit und haben soeben erfahren, dass Ihre Frau schwanger ist. Sie sind entschlossen, die Elternzeit voll zu übernehmen bzw. wenigstens zur Hälfte mit Ihrer Frau zu teilen. Sie müssen dies ihrer Geschäftsführerin mitteilen, damit sie die Vorbereitungen treffen kann, um eine Vertretung zu beschaffen.

Zur Durchführung:

Bildet eine Kleingruppe von max. 4 Personen, u.a. ein Gender-Duo. Verteilt die Rollen. Recherchiert die Ausgangslage und diskutiert anschließend die Argumente der Beteiligten u.a. hinsichtlich der Anforderungen in Beruf und Berufspraxis sowie die Vor- und Nachteile für eine Frau/einen Mann. Fasst diese schriftlich zusammen und einigt Euch über die Präsentation. Ein Gender-Duo spielt das Ergebnis Eurer Diskussion. Die Beobachter berichten über die Entwicklung und Abstimmung der Dialoge und es wird im Plenum darüber diskutiert.

Quelle: HWK Hamburg (Hg.) 2003, c.)

Training 10: Karriereplanung unter strategischer Perspektive (Frau)

Feinziel: Erwerb von Genderkompetenz und Perspektivwechsel

Methode

Entscheidungsspiel als Gendertraining mit Variantenbildung
Recherche zum Berufsbild
Diskussion und Austausch von Argumenten in der Kleingruppe
Entscheidungsfindung und Formulierung einer abgestimmten, sachlich gut recherchierten Begründung mit Berichterstattung im Plenum sowie Erfahrungsaustausch

Aufgabe:

Mann

Sie sind der Geschäftsführer einer bedeutenden Firma. Sie haben zum ersten Mal eine Frau als Kopf der Abteilung Finanzen eingesetzt. Die Verantwortliche dieser Abteilung, die erst kürzlich ernannt wurde, bittet Sie um ein Gespräch.

Frau

Sie wurden kürzlich zur Leiterin der Abteilung Finanzen in Ihrer Firma berufen. Sie sind noch in der Probezeit und Sie haben soeben erfahren, dass Sie schwanger sind. Sie müssen dies Ihrem Geschäftsführer mitteilen, damit er die Vorbereitungen treffen kann, um eine Vertretung zu beschaffen bzw. Sie zu ersetzen.

Zur Durchführung:

Bildet eine Kleingruppe von max. 4 Personen, u.a. ein Gender-Duo. Verteilt die Rollen in der Kleingruppe Recherchiert die Ausgangslage und diskutiert anschließend die Argumente der Beteiligten u.a. hinsichtlich der Anforderungen in Beruf und Berufspraxis sowie die Vor- und Nachteile für eine Frau/einen Mann. Fasst diese schriftlich zusammen und einigt Euch über die Präsentation.

- Eine berichterstattende Person präsentiert die Ergebnisse im Plenum.
- Ein Gender-Duo spielt das Ergebnis Eurer Diskussion.
- Die Beobachter berichten über die Entwicklung und Abstimmung der Dialoge und es wird im Plenum darüber diskutiert.

Quelle: HWK Hamburg (Hg.) 2003, c.)

7.6 Training 11: Familien- und Karriereplanung (Sabina)

Feinziel:

Sensibilisierung für neue Rollenbilder und Berufswahlmuster
Kennenlernen des Berufsbilds Wirtschaftsmathematik
Stärkung der Fähigkeit sich verbal auszudrücken und
sich über seine Gefühle und Wünsche klar zu werden,
aber auch der sozio-kulturellen Einflüsse, welche diese prägen

Methode:

Rollenspiel
Recherche zum Berufsbild in einer Kleingruppe
Story-Telling
Reflexion zum Spiel und Erfahrungsaustausch im Plenum

Aufgabenbeschreibung:

Margarete ist dabei, ihren Schulabschluss zu machen und überlegt mit ihren Freundinnen, was ihre Interessen, Fähigkeiten und persönlichen Stärken sind, die sie in eine Berufswahl einbringen kann. Sie überlegt auch, ob sich für sie ein Studium lohnen würde und welchen Beruf sie gerne lernen und ausüben würde. Sie würde gerne zuerst eine duale Ausbildung machen und im Anschluss daran Wirtschaftsmathematik studieren. Außerdem fragt sie sich, wie sich ihr Berufs- und Karriereweg gestalten ließe, wenn sie vielleicht später einmal Mann und Kinder, also eine Familie, haben wollte. Ob sich wohl Privates und berufliches Vorankommen vereinbaren ließen?

Quelle: Lippe-Heinrich

Training 12: Familien- und Karriereplanung (Olli)

Feinziel:
Sensibilisierung für neue Rollenbilder und Berufswahlmuster
Kennenlernen des Berufsbilds Wirtschaftsmathematik
Stärkung der Fähigkeit sich verbal auszudrücken und
sich über seine Gefühle und Wünsche klar zu werden,
aber auch der sozio-kulturellen Einflüsse, welche diese prägen

Methode:
Rollenspiel
Recherche zum Berufsbild in einer Kleingruppe
Story-Telling
Reflexion zum Spiel und Erfahrungsaustausch im Plenum

Aufgabe:
Olli ist dabei, seinen Schulabschluss zu machen und überlegt mit seinen Freunden, was ihre Interessen, Fähigkeiten und persönlichen Stärken sind, die sie in eine Berufswahl einbringen können. Er würde gerne Sozialwissenschaften studieren und später bei einer Stiftung der Wohlfahrtspflege arbeiten. Er überlegt auch, ob sich für ihn ein Studium lohnt und welchen Beruf er gerne lernen und ausüben würde. Außerdem fragt er sich, wie sich sein Berufs- und Karriereweg gestalten ließe, wenn er vielleicht später vielleicht einmal eine Frau und Kinder, also eine Familie, haben wollte. Ob sich wohl Privates und berufliches Vorankommen vereinbaren ließen?

Quelle: Lippe-Heinrich

7.7 Training 13: Zur Vereinbarkeit von Familie und Beruf (Elli)

Feinziel:

Überprüfen und Infragestellen von stereotypen Berufsbildern und Wahrnehmung geschlechtsspezifischer Karriere- und Familienplanung und die Durchsetzung von Berufsinteressen
Perspektivwechsel und Berufsplanung für ein ganzes Arbeitsleben

Methoden:

Recherche des Berufsbildes und benachbarter Berufe (s. IT-Berufe im Überblick, Berufe in der IT, Informatik und Elektrotechnik, http://www.azubiyo.de/berufe/it-berufe/ [12.10.2022, 14:44])
Rollenspiel mit Präsentation im Plenum
(Erarbeitung ca. 25 Min. durch Gruppe von 2–3 Personen und ca. 5–10 Minuten Präsentation im Plenum)
Interpretation und Reflexion des Spiels durch die Anwesenden
Freiwilligkeit der Präsentation

Aufgabenbeschreibung:

Elli und Johann sind ein Paar. Johann ist ein ehrgeiziger junger Mann, der als Computerfachmann eine Karriere im Bereich der Informationstechnik anstrebt. Elli kann sich gut vorstellen, die Berufstätigkeit an den Nagel zu hängen, wenn sich Nachwuchs ankündigt. Als Elli schwanger wird, planen Elli und Johann ihre geplante Rollenaufteilung in Familie und Beruf. Hier Einvernehmen herzustellen, gestaltet sich schwieriger als gedacht, denn Ellis Vorstellungen von der Unterbrechung der Berufsarbeit für eine längere Zeit kann Johann nicht nachvollziehen. Elli und Johann diskutieren ihre geplante Rollenaufteilung im Vorfeld eines Gesprächs mit den Schwiegereltern, den Eltern von Elli.

Quelle: Lippe-Heinrich

Training 14: Zur Vereinbarkeit von Familie und Beruf (Johann)

Feinziel:
Überprüfen und Infragestellen von stereotypen Berufsbildern und Wahrnehmung geschlechtsspezifischer Karriere- und Familienplanung und die Durchsetzung von Berufsinteressen
Perspektivwechsel und Berufsplanung für ein ganzes Arbeitsleben

Methoden: Laufbahn- und Karriereplanung in der Familie
Recherche des Berufsbildes (s. IT-Berufe im Überblick, Berufe in der IT, Informatik und Elektrotechnik, http://www.azubiyo.de/berufe/it-berufe/ [12.10.2022, 14:44])
Rollenspiel mit Präsentation im Plenum
(Erarbeitung ca. 25 Min. durch Gruppe von 2–3 Personen und ca. 5–10 Minuten Präsentation im Plenum)
Interpretation und Reflexion des Spiels durch die Anwesenden
Freiwilligkeit der Präsentation

Aufgabenbeschreibung:
Elli und Johann sind ein Paar. Elli ist eine ehrgeizige junge Frau, die als Computerfachfrau eine Karriere im Bereich der Informationstechnik anstrebt. Johann kann sich gut vorstellen, die Berufstätigkeit an den Nagel zu hängen, wenn sich Nachwuchs ankündigt. Als Elli schwanger wird, planen Elli und Johann ihre geplante Rollenaufteilung in Familie und Beruf. Johann will ein paar Jahre zuhause bleiben, bis das Kind aus dem Gröbsten heraus ist und in die Schule kommt. Elli und Johann diskutieren ihre geplante Rollenaufteilung im Vorfeld eines Gesprächs mit den Schwiegereltern, den Eltern von Johann.

Quelle: Lippe-Heinrich

7.8 Training 15: Berufswahl: Pflege oder Handwerk?

Ziel:

Sensibilisierung für neue Rollenbilder und Berufswahlmuster
Kennenlernen des Berufsbilds Sozialarbeit und Pflege
Stärkung der Fähigkeit sich verbal auszudrücken und
sich über seine Gefühle und Wünsche für die Berufswelt klar zu werden,
aber auch der sozio-kulturellen Einflüsse, welche diese prägen

Feinziel:

Überprüfen und Infragestellen von stereotypen Berufsbildern und geschlechtsspezifischen Zuschreibungen von Tätigkeiten und Eigenschaften
Überprüfen und Infragestellen von stereotypen Berufsbildern
geschlechtsunspezifische Karriereplanung und Mut zur Durchsetzung von Berufsinteressen

Methode:

Recherche der Berufsbilder, inkl. der Tätigkeitsanforderungen und der Bezahlung (s. Verzeichnis der anerkannten Ausbildungsberufe, http://www.bibb.de/de/65925.php oder ergänzend hierzu: http://www. zdh.de, Anerkannte Ausbildungsberufe, Berufe der Anlage A[25.12.2021, 18:15])
Rollenspiel mit Präsentation im Plenum
(Erarbeitung ca. 25 Min. durch Gruppe von 2–3 Personen und ca. 5–10 Minuten Präsentation im Plenum)
Interpretation und Reflexion des Spiels durch die Anwesenden
Freiwilligkeit der Präsentation

Aufgabenbeschreibung:

Olli, dessen Eltern beide als Führungskräfte in der freien Wirtschaft tätig sind, hat sich überlegt, dass er gerne Sozialarbeit studieren und später in sozialen Brennpunkten als Sozialarbeiter tätig werden möchte. Alternativ käme auch eine Tätigkeit als Pfleger infrage. Dieses sind nicht die Wunschberufe seiner Eltern, schon gar nicht seines Vaters. Er versucht ihn umzustimmen. Die Mutter versucht auszugleichen und zu vermitteln. Der Junge ist ernsthaft entschlossen, einen sozialen Beruf zu ergreifen. Er ist überzeugt, dass dies die richtige Entscheidung für ihn sein wird.

Quelle: Lippe-Heinrich

Training 16: Berufswahl: Pflege oder Handwerk?

Ziel:

Sensibilisierung für neue Rollenbilder und Berufswahlmuster
Kennenlernen des Berufsbilds des Tischlereihandwerks
Stärkung der Fähigkeit sich verbal auszudrücken und sich über seine Gefühle und Wünsche für die Berufswelt klar zu werden, aber auch der sozio-kulturellen Einflüsse, welche diese prägen

Feinziel:

Überprüfen und Infragestellen von stereotypen Berufsbildern und geschlechtsspezifischen Zuschreibungen von Tätigkeiten und Eigenschaften
Wahrnehmung geschlechtsspezifischer Karriere- und Familienplanung und die Durchsetzung von Berufsinteressen

Methode:

Recherche des Berufsbildes Tischler, (s. Verzeichnis der anerkannten Ausbildungsberufe, http://www.bibb.de/de/65925.php oder ergänzend hierzu: http://www.zdh.de, Anerkannte Ausbildungsberufe, Berufe der Anlage A, [25.12.2021, 18:15])
Story-Telling
Rollenspiel mit Präsentation im Plenum
Reflexion und Austausch der Argumente sowie Erfahrungsaustausch im Plenum

Aufgabenbeschreibung:

„Allein unter Männern": Lina ist Azubi in einer Tischlerei ... Nicht alle finden es cool, aber Lina wird Tischlerin und immer selbstbewusster, da sie immer mehr in den Beruf hineinwächst und als junge Frau in diesem Beruf einen ganz besonderen Status hat. „Als ich klein war, spielten andere Mädchen mit ihren Puppen, stattdessen baute ich ihnen Puppenhäuser aus Holz", erzählt Lina Martin, Auszubildende in einem großen Tischlereibetrieb. Bildet eine Kleingruppe von max. 4 Personen, davon ein Gender-Duo. Recherchiert das Berufsbild und diskutiert anschließend die Vor- und Nachteile für eine Frau/einen Mann. Fasst diese zusammen und präsentiert das Rollenspiel im Plenum.

Quelle: Lippe-Heinrich

8 Ausgewählte Rollenkonflikte

In diesem Kapitel werden Spiele für jugendliche Schüler, Azubis und Studierende exemplarisch aufgeführt, welche die Stärkung von Kommunikationsverhalten und – Kompetenz verfolgen und dabei gleichzeitig die Entwicklung von personaler Durchsetzungsfähigkeit stärken sowie für die Auflösung geschlechtsspezifischer Stereotypen sensibilisieren sollen.

8.1 Strategische Entscheidungen, Fall 1–10: ausgewählte Situationen in Beruf und Familie

Lernziel:

Stärkung der Kompetenz zur Kommunikation und Reflexion
Stärkung der Durchsetzungsfähigkeit durch Argumente
Erkennen, Abbau und Hinterfragen geschlechtsspezifischer Stereotypen

Methode:

verbales Durchsetzungstraining

freies, assoziatives Spiel durch jeweils eine Kleingruppe von min. 2 Spielenden
gemeinsame Entwicklung des Textes und des roten Fadens (20 Minuten)
Präsentation im Plenum (5 Minuten)
gemeinsame Reflexion

Methode zur Durchführung der Spiele:

Bildung von Kleingruppen (2-3 Personen) und ggf. Beobachtungspersonen:

- Bildet zunächst Paare bzw. Gender-Duos oder kleine Arbeitsgruppen.
- Jeweils zwei Spielpersonen stellen eine der in 8.1 nachfolgend skizzierte Konflikt- Situation der Beteiligten im Rollenspiel dar.
- Ggf. kann eine weitere Person zur Beobachtung des Gruppenprozesses gewählt werden. Ihre Aufgabe ist es dann, über die Entstehung des Spiels zu berichten, z.B. was den Verlauf der Diskussionen über geschlechtsspezifische Verhaltensweisen und Familienrollen angeht.

Freies Spiel:

Entwicklung der Fallbeispiele und assoziative, selbständige Ausgestaltung der Dialoge:

Das Team erarbeitet in einer Arbeitsphase die Dialoge, um das Spannungsfeld zu verdeutlichen (Dauer: max. 20 Minuten).

- Alle Spielenden haben die freie Wahl, wie sie den Ausgang des Spiels gestalten.

- Die Aufführung der Rollenspiele im Plenum kann freiwillig oder durch alle Gruppen nach Aufruf erfolgen, je nachdem wie spielfreudig die Gruppen sind. Erfahrungsgemäß gibt es Personen mit großen Hemmungen. Daher soll niemand gezwungen werden.

Erarbeitung von Rollenspielen mit folgenden Aufgabenstellungen:

Fall 1: Eine Beschäftigte beschwert sich beim Chef über fehlenden Respekt eines Kollegen/einer Kollegin.
Fall 2: Ein Kollege beschwert sich beim Chef über fehlenden Respekt einer Kollegin.
Fall 3: Eine Angestellte beschwert sich beim Chef/in der Personalabteilung über eine nicht erhaltene Gehaltserhöhung.
Fall 4: Ein Angestellter beschwert sich beim Chef/in der Personalabteilung über eine nicht erhaltene Gehaltserhöhung.
Fall 5: Ein Kunde beschwert sich im Laden des Mobilfunkanbieters über seine überhöhte Rechnung.
Fall 6: Eine Kundin beschwert sich im Laden des Mobilfunkanbieters über ihre überhöhte Rechnung.
Fall 7: Ein Kollege spricht einen anderen Kollegen aus der Abteilung an, weil dieser in letzter Zeit oft zu spät kommt. Daher musste er seine Arbeit mit übernehmen.
Fall 8: Eine Kollegin spricht einen anderen Kollegen aus der Abteilung an, weil dieser in letzter Zeit oft zu spät kommt. Daher musste sie seine Arbeit mit übernehmen.
Fall 9: Ein Kollege spricht eine Kollegin aus der Abteilung an, weil diese in letzter Zeit oft fehlt. Daher musste er ihre Arbeit mit übernehmen.
Fall 10: Eine Kollegin spricht einen Kollegen aus der Abteilung an, weil dieser in letzter Zeit oft fehlt. Daher musste sie seine Arbeit mit übernehmen.

Quelle: Lippe-Heinrich

8.2 Entscheidungsspiele in beispielhaften Situationen

Die folgenden Spiele erfordern von den Spielenden eine Analyse der aktuellen Situation und Überlegungen zur strategischen Entscheidungsfindung. Sie sind in kleinen Arbeitsgruppen zu diskutieren und anschließend zu erläutern.

Fall 11: Michael

Michael ist 29 Jahre und hat ein Kind von zwei Jahren. Nachdem er einen Berufsabschluss im Hotel- und Gaststättenbereich gemacht hat, arbeitete er fünf Jahre lang in England bei verschiedenen Stellen: Hotel, Restaurant, Verkauf, Tourismus. Zurückgekehrt nach Frankreich lebt er in einem Badekurort am Meer. Obgleich er zwei Sprachen spricht, ist er arbeitslos – außer in der Zeit der Tourismus-Saison.

Er hat drei Möglichkeiten zur Wahl:	uneingeschränkt ja	eher nein
Eine Teilzeitbeschäftigung als Verkäufer in einer großen Textil-Firmengruppe	☐	☐
Vollzeitbeschäftigung von drei Monaten im Hotel- und Gaststättengewerbe	☐	☐
Eine Fortbildung in der Tourismusbranche	☐	☐

Bitte kreuzen Sie Ihre Antwort an und begründen Sie diese!

Welchen Rat würden Sie ihm geben?

Quelle: HWK Hamburg (Hg.) 2003, c.)

Fall 12: Michaela

Michaela ist 29 Jahre und hat ein Kind von zwei Jahren. Nachdem sie einen Berufsabschluss im Hotel- und Gaststättenbereich gemacht hat, arbeitete sie fünf Jahre lang in England bei verschiedenen Stellen: Hotel, Restaurant, Verkauf, Tourismus. Zurückgekehrt nach Frankreich lebt sie in einem Badekurort am Meer. Obgleich sie zwei Sprachen spricht, ist sie arbeitslos – außer in der Zeit der Tourismus-Saison.

Sie hat drei Möglichkeiten zur Wahl:	uneingeschränkt ja	eher nein
Eine Teilzeitbeschäftigung als Verkäuferin in einer großen Textil-Firmengruppe	☐	☐
Vollzeitbeschäftigung von drei Monaten im Hotel- und Gaststättengewerbe	☐	☐
Eine Fortbildung in der Tourismusbranche	☐	☐

Bitte kreuzen Sie Ihre Antwort an und begründen Sie diese!

Welchen Rat würden Sie ihr geben?

Quelle: HWK Hamburg (Hg.) 2003, c.)

8.3 Fall 13: Jacques

Jacques ist 40 Jahre alt, verheiratet und hat 3 Kinder. Er hat einen Abschluss als Buchhalter mit Abitur. Augenblicklich bekleidet er seit fünf Jahren eine Position als kaufmännischer Mitarbeiter in einem Transportunternehmen. Um aufzusteigen, benötigt er einen anerkannten Abschluss als Controller.

Er wünscht sich eine berufliche Fortentwicklung. Drei Möglichkeiten stellen sich ihm um weiterzukommen:	ohne Zögern	eher nein
Schritte zu unternehmen, um die erworbenen Kompetenzen aufzuwerten	☐	☐
berufsbegleitende Fortbildung (1 Woche/Monat mit auswärtiger Unterbringung) während der Dauer von 2 Jahren	☐	☐
Vollzeit-Fortbildung mit Abschluss, in der Nähe von zuhause, Vollzeit für die Dauer eines Jahres	☐	☐

Bitte kreuzen Sie Ihre Antwort an und begründen Sie diese!

Welchen Rat würden Sie ihm geben?

Quelle: HWK Hamburg (Hg.) 2003, c.)

Fall 14: Jacqueline

Jacqueline ist 40 Jahre alt, verheiratet und hat 3 Kinder. Sie hat einen Abschluss als Buchhalterin mit Abitur. Augenblicklich bekleidet sie seit fünf Jahren eine Position als kaufmännische Mitarbeiterin in einem Transportunternehmen. Um aufzusteigen, benötigt sie einen anerkannten Abschluss als Controller.

Sie wünscht sich eine berufliche Fortentwicklung. Drei Möglichkeiten stellen sich ihr um weiterzukommen:	ohne Zögern	eher nein
Schritte zu unternehmen, um die erworbenen Kompetenzen aufzuwerten	☐	☐
berufsbegleitende Fortbildung (1 Woche/Monat mit auswärtiger Unterbringung) während der Dauer von 2 Jahren	☐	☐
Vollzeit-Fortbildung mit Abschluss, in der Nähe von zuhause, Vollzeit für die Dauer eines Jahres	☐	☐

Bitte kreuzen Sie Ihre Antwort an und begründen Sie diese!

Welchen Rat würden Sie ihr geben?

Quelle: HWK Hamburg (Hg.) 2003, c.)

8.4 Fall 15: Alexander

Alexander, behindert, 30 Jahre alt. Nach einer Unterbrechung seines Berufslebens möchte er wieder eine Arbeit aufnehmen.

Da er weiß, dass der Unterhalt seiner Familie über seinen Partner abgesichert ist, bieten sich ihm mehrere Möglichkeiten:	ohne Zögern	eher nein
Aufnahme einer Fortbildung	☐	☐
Direkte Arbeitssuche	☐	☐
Engagement für eine ehrenamtliche Arbeit	☐	☐

Bitte kreuzen Sie Ihre Antwort an und begründen Sie diese!

Welchen Rat würden Sie ihm geben?

Quelle: HWK Hamburg (Hg.) 2003, c.)

Fall 16: Alexandra

Alexandra, behindert, 30 Jahre alt. Nach einer Unterbrechung ihres Berufslebens möchte sie wieder eine Arbeit aufnehmen.

Da sie weiß, dass der Unterhalt ihrer Familie über ihre Partnerin abgesichert ist, bieten sich ihr mehrere Möglichkeiten:	ohne Zögern	eher nein
Aufnahme einer Fortbildung	☐	☐
Direkte Arbeitssuche	☐	☐
Engagement für eine ehrenamtliche Arbeit	☐	☐

Bitte kreuzen Sie Ihre Antwort an und begründen Sie diese!

Welchen Rat würden Sie ihr geben?

Quelle: HWK Hamburg (Hg.) 2003, c.)

8.5 Fall 17: Martin

Martin ist 33 Jahre alt, geschieden, ohne Kinder. Nachdem er seine Ausbildung nach dem Abitur abgebrochen hatte, erwarb er eine gewisse Berufserfahrung, die aus einer ständigen, aber chaotischen Beschäftigung stammt. Er war im Handel beschäftigt, und zwar als Propagandist (aggressiver Verkauf) und im Restaurantbereich (saisonabhängig). Er hat außerdem mit einem gewissen Erfolg im Technobereich Freizeitveranstaltungen organisiert. Techno ist seine große Leidenschaft.

Weil er wünscht, sein Berufsleben zu stabilisieren, zögert er noch, sich zwischen drei Orientierungsmöglichkeiten zu entscheiden:	ohne Zögern	eher nein
Entscheidung für den Status eines selbstständigen Handelsvertreters. Mehrere Unternehmen haben ihm vorgeschlagen, ihre Produkte ohne einen festen Arbeitsvertrag zu verkaufen	☐	☐
Einen ersten Arbeitsvertrag als Animateur anzunehmen für den Club Mediterrane.	☐	☐
Eigene Freizeitveranstaltungen aufbauen und schwerpunktmäßig besondere Musikveranstaltungen anzubieten	☐	☐

Bitte kreuzen Sie Ihre Antwort an und begründen Sie diese!

Welchen Rat würden Sie ihm geben?

Quelle: HWK Hamburg (Hg.) 2003, c.)

Fall 18: Martina

Martina ist 33 Jahre alt, geschieden, ohne Kinder. Nachdem sie ihre Ausbildung nach dem Abitur abgebrochen hatte, erwarb sie eine Berufserfahrung, die aus einer ständigen, aber chaotischen Beschäftigung stammt. Sie war im Handel beschäftigt, und zwar als Propagandistin (aggressiver Verkauf) und im Restaurantbereich (saisonabhängig). Sie hat außerdem mit einem gewissen Erfolg im Technobereich Freizeitveranstaltungen organisiert. Techno ist ihre große Leidenschaft.

Weil sie wünscht, ihr Berufsleben zu stabilisieren, zögert sie noch, sich zwischen drei Orientierungsmöglichkeiten zu entscheiden:	ohne Zögern	eher nein
Entscheidung für den Status einer selbstständigen Handelsvertreterin. Mehrere Unternehmen haben ihr vorgeschlagen, ihre Produkte ohne einen festen Arbeitsvertrag zu verkaufen	☐	☐
Einen ersten Arbeitsvertrag als Animatrice anzunehmen für den Club Méd.	☐	☐
Eigene Freizeitveranstaltungen aufbauen und schwerpunktmäßig besondere Musikveranstaltungen anzubieten	☐	☐

Bitte kreuzen Sie Ihre Antwort an und begründen Sie diese!

Welchen Rat würden Sie ihr geben?

Quelle: HWK Hamburg (Hg.) 2003, c.)

8.6 Fall 19: Jean

Jean ist 15 Jahre alt. Er ist in der Oberstufe. Er soll eine Orientierung vornehmen für seinen weiteren Werdegang, aber er hat noch keine genaue Vorstellung.

Er sieht für sich drei Möglichkeiten:	ohne Zögern	eher nein
Fortsetzung der schulischen Ausbildung und später studieren	☐	☐
eine ungelernte Beschäftigung machen, z.B. im Handel	☐	☐
einen Schulabschluss machen und anschließend eine betriebliche Ausbildung mit Ausbildungsvertrag	☐	☐

Bitte kreuzen Sie Ihre Antwort an und begründen Sie diese!

Welchen Rat würden Sie ihm geben?

Quelle: HWK Hamburg (Hg.) 2003, c.)

Fall 20: Jeanne

Jeanne ist 15 Jahre alt. Sie ist in der Oberstufe. Sie soll eine Orientierung für ihren weiteren Werdegang vornehmen, aber sie hat noch keine genaue Vorstellung.

Sie sieht für sich drei Möglichkeiten:	ohne Zögern	eher nein
Fortsetzung der schulischen Ausbildung und später studieren	☐	☐
eine ungelernte Beschäftigung machen, z.B. im Handel	☐	☐
einen Schulabschluss machen und anschließend eine betriebliche Ausbildung mit Ausbildungsvertrag	☐	☐

Bitte kreuzen Sie Ihre Antwort an und begründen Sie diese!

Welchen Rat würden Sie ihr geben?

Quelle: HWK Hamburg (Hg.) 2003, c.)

9 Ganzheitliches und genderintegriertes Projektlernen

In diesem Kapitel wird exemplarisch aufgezeigt, wie „genderspezifische Aufgaben“ als integrale Bestandteile in reguläre Ausbildungsrahmenpläne zu integrieren sind. In diesen „ganzheitlichen Lernprojekten“ wurden Aufgaben integriert, die zur Sensibilisierung und Orientierung der Lernenden für Genderfragen und damit zu ihrer ganzheitlichen Kompetenzentwicklung beitragen, insbes. der Stärkung ihrer personalen und sozialen Kompetenzen, aber auch der Kompetenzen zum Selbstlernen und zur Selbstorganisation in komplexen, flexiblen Aufgabenstellungen.

Der Einsatz der Projektmethode als Methode ganzheitlichen Kompetenzerwerbs hat das Ziel einer Förderung von ganzheitlichem Lernen in übergreifenden Geschäftsprozessen. In diesem Zusammenhang sind alle Methoden des selbstgesteuerten und selbstorganisierten sowie entdeckenden Lernens von zentraler Bedeutung. Elementar wichtig im Kontext geschäftsprozessübergreifender Arbeitsanforderungen ist die Einführung der Projektmethode. Nur das Arbeiten in selbstgesteuerten Projekten auf der Grundlage handlungsregulatorischer Ansätze erlaubt es – mit selbstgesetzten Regeln der Gruppenarbeit und der Führung in individuell zusammengesetzten Teams – völlig neue, weitgehend autonome bzw. teilautonome Lern- und Führungsformen einzuüben.

Genderintegrierte Projekte, Rollenspiele und gemeinsame Reflexion als innovative Methoden sind im Kontext der Aufwertung von Soft Skills bzw. der Kompetenzen zur Interaktion in Gruppenprozessen als unabdingbare Methoden der Kompetenzentwicklung zu verstehen. Hierunter sind genderintegrierte Aufgaben, Projektarbeiten und gendersensibilisierende Rollenspiele zu verstehen, wie auch die Reflexion und der gemeinsame Erfahrungsaustausch in der Lerngruppe.

Die Stärkung und Aufwertung der Gruppenarbeit gegenüber der Einzelarbeit bzw. der sogen. „Soft-Skills“ im Kontext neuer Paradigmata des Führens und Leitens in der betrieblichen Ausbildung sind eine notwendige Konsequenz aus überbetrieblicher Vernetzung und daraus resultierenden, neuen Arbeits- und Lernerfordernissen, die sich durch ständig wachsende, hohe und permanent veränderliche Ansprüche an die Beschäftigten auszeichnen. Die gezielte Förderung der Fähigkeit zur Gruppenarbeit in Lernprojekten und im Team, wie auch die Fähigkeit zur Reflexion, den personalen und sozialen Kompetenzen der Gesprächsführung in Verbindung mit der Entwicklung von Eigenverantwortlichkeit sind zentrale Bestandteile von Kompetenzentwicklung im Umgang mit aktuellen und zukünftigen Arbeitsanforderungen in der VUCA-Welt.

All dieses hat das Ziel die Gruppenarbeit effektiver zu machen und damit sowohl die Arbeitseffektivität zu stärken wie den Einzelnen zu befähigen, die Anforderungen von schnell wechselnden Arbeitsanforderungen in Eigenverantwortung zu bewältigen. Hinzu gehört nicht zuletzt die Kompetenz zur Bewältigung der Entgrenzung von informationstechnisch durchdrungenem Lernen und Arbeiten.

9.1 Projektbeispiel 1: Betriebliches Begleitprojekt BB1: Genderkompetentes Marketing im T-Punkt

Abschließend werden einige empirische Befunde eines einschlägigen betrieblichen Referenzvorhabens, welches im Rahmen des bislang einzigen Wirtschaftsmodellversuchs zur „IT-Kompetenz und Aus- und Weiterbildung von Frauen" als exemplarisches Demonstrationsvorhaben entwickelt und durchgeführt wurde. Dieses mehrjährige Projekt wurde gefördert durch das BIBB und den Senat von Berlin.

Da es zum Zeitpunkt der Projektdurchführung keine nennenswerte Anzahl Frauen in Führungspositionen der Informationstechnik in Berlin gab, wurden im Rahmen des Vorhabens in Kooperation mit drei Berliner Großbetrieben von der Wissenschaftlichen Begleitung und den Ausbildungsleitungen spezifische Ausbildungsprojekte entwickelt und begleitet, um festzustellen, wo die Barrieren für die Ausbildung von Frauen und Mädchen in informationstechnischen Berufen liegen.

Der technisch-organisatorische Aufbau, das methodische Vorgehen und die ausführliche Auswertung der Demonstrationsvorhaben, inkl. weiterführender Reflexionen und sind dem kürzlich erschienenen Sammelband des BIAT, Kiel zu entnehmen (s. Lippe-Heinrich (2020) in Grimm, A.)

Eine zentrale Frage war es, Anhaltspunkte zu gewinnen, durch welche Angebote die mentalen Barrieren für die berufliche Aus- und Weiterbildung von Frauen in den neuen IT-Berufen beseitigt werden könnten. Die zahlreichen Zwischenberichte, ein Tagungsreader und mehrere abschließende Publikationen dokumentieren anschaulich, welche Fortschritte der Wirtschaftsmodellversuch im Laufe der Jahre verzeichnen konnte und was insbes. der Abschlussbericht an empirischen Befunden berichten konnte. Darüber hinaus ist auf weitere, nachfolgende Fachveröffentlichungen hinzuweisen, die aus der Reflexion von Erfahrungswerten, verallgemeinerbaren Ergebnissen und weiteren Erprobungen generiert werden konnten. Nähere Ausführungen und Einzelheiten der Durchführung dieser modellhaften betrieblichen Begleitvorhaben wurden von der wissenschaftlichen Begleitung während und nach dem Abschluss des Gesamtvorhabens ausführlich dokumentiert und reflektiert (s. insbes. Lippe-Heinrich 2006, 2008, 2010, 2020).

Im Folgenden wird die von den Auszubildenden der Berliner Telekom-Gruppe angefertigte Präsentation ihres „Genderprojekts“ in Kurzform gezeigt, wobei es an dieser Stelle im Wesentlichen darum geht, den genderintegrierten Projektansatz zu fokussieren und als Teil regulärer Ausbildungsmodule deutlich zu machen. Da die nachfolgende Präsentation der Projektgruppe alle wesentlichen Elemente des Projekt-Auftrags umfasst und auch sehr deutlich aufzeigt, wie die Ausbildungsgruppe diesen Auftrag ausführte, soll diese für sich selbst sprechen. Das exemplarische Ausbildungsprojekt der Telekom wurde in das zweite Ausbildungsjahr und die reguläre Ausbildung zum Fachinformatiker/In bzw. Informatikkaufmann/frau integriert, welche am Standort Berlin durchgeführt wird.

Nach der Genehmigung des Vorgehens durch die betrieblichen Sozialpartner wurde eine projektbezogene Vorbereitungsrunde gegründet, die alle Aspekte der Durchführung gemeinsam plante und hinsichtlich seiner Durchführungsmodalitäten vorbereitete. Dies gestaltete sich zeitlich und inhaltlich aufwendig und beinhaltete nicht zuletzt zahlreiche Absprachen mit Verantwortlichen vor Ort, da in die Durchführung des Vorhabens nicht nur die Übungswoche einbezogen war, sondern auch ein Praktikum in ausgewählten Ladenlokalen der Telekom. Ein wesentliches Ergebnis dieser Diskussionen war die Methode zur Entwicklung „ganzheitlicher und gendergerechter Ausbildungsarrangements“, welche nach ihrer Erprobung auch übertragbar in andere Ausbildungsgänge und Betriebe sein sollte.

Die Aufgabe wurde mit Bezug auf den regulären Ausbildungsrahmenplan geschlechtsspezifisch ausformuliert, also „gegendert“. Dies bedeutet, dass eine reguläre Aufgabe laut Ausbildungsrahmenplan mit einer geschlechtsspezifischen Komponente versehen wurde, die als integraler Anteil einer übergreifenden, ganzheitlichen Aufgabenstellung im Rahmen einer Projektwoche auch unter dem Aspekt geschlechtsspezifischer Relevanz von den Auszubildenden zu bearbeiten und zu reflektieren war.

Das exemplarische Ausbildungsprojekt der Telekom im Rahmen des Wirtschaftsmodellversuchs kann damit als exemplarisches Beispiel gelten für eine „genderintegrierte“ Aufgabenstellung, welche als Zusatzanforderung an eine reguläre Aufgabe nach dem Ausbildungsrahmenplan integriert wird, indem Genderfragen thematisiert werden. Es war mit einer Zeitdauer von insgesamt vier Wochen geplant, inkl. seiner Durchführung.

Die durch das Projekt verfolgten, sowohl gender- als auch ausbildungsrelevanten Themen lt. Ausbildungsrahmenplan bezogen sich im Einzelnen auf

§16, Abs. 1 Nr. 2.4 a und b,

§16 Abs. 1 Nr. 6.1 a, c. und d,

§16 Abs. 1 Nr. 6.3 c,

§ 16 Abs. 1 Nr. 7.1b,

§16 Abs. 1 Nr. 7.2 a und b sowie

§16 Abs. 1 Nr. 10.1 bis 10.3 (s. Projektdokumentation Genderkompetentes Marketing im T-Punkt, Jens Breitfeld 13.5.2001, S. 9)

Es handelte sich hierbei um eine Projektwoche, in der die Auszubildenden eigenständig an der Aufgabe arbeiten, diese dokumentieren und nach ihren eigenen Vorstellungen lösen sollten.

Der Ausbilder in seiner Rolle als Coach sollte nur als Berater in Konfliktfällen auftreten oder für den Fall, dass das Projektteam der Azubis stehenbleibt und nicht mehr weiterkommt.

Das Projekt umfasste im Einzelnen die folgenden Arbeitsschritte:

- Vorbereitung der Azubis durch einen Grundkurs „Marketing"
- Motivation des Projektes
- Projektauftrag abarbeiten und Bildung der Projektteams unter Beachtung der Regeln des Projektmanagements
- Projektdurchführung
- Projektpräsentation inkl. Projektabschluss

Das Lernen erfolgte in Kleingruppen und dem Plenum, wobei der Frauenanteil in der Projektgruppe über 25 % betrug. Zur Vorbereitung der Gendersensibilisierung wurde ein Ausbilderseminar mit dem Projektteam und der Wissenschaftlichen Begleitung durchgeführt, in dem die Projektziele und der Projektauftrag sowie die endgültige Organisationsform besprochen wurden.

Dabei wurde in der Projektdurchführung nicht nur theoretisch gearbeitet, sondern die Azubis hatten auch fachpraktische Einsätze in einzelnen Telekom-Shops und bekamen die Gelegenheit, ihre neuen Gender-Erkenntnisse im Kundenkontakt gleich „an den Mann oder die Frau" zu bringen. Charakteristisch für diese fachpraktischen Einsätze war zudem die Konzeption, dass die Auszubildenden als „Gender-Duo" in die teilnehmenden Filialen der Telekom ausschwärmen sollten, also jeweils immer ein männlicher Azubi und eine Azubine.

Es stellte sich sehr schnell heraus, dass auch in den Köpfen der Kunden althergebrachte Stereotypen vorhanden waren, weil die Azubis berichteten, dass die Kunden sich mit ihren Fragen immer zuerst an den männlichen Service-Mitarbeiter wendeten. Und dies geschah offensichtlich in der Annahme, dass dieser

qualifizierter sei als die gleichzeitig anwesende weibliche Servicekraft. Diese Erfahrung gab dann doch manchen Teilnehmenden zu denken, welche vorab davon überzeugt waren, dass der Genderaspekt eigentlich überflüssig sei.
(Anm. d. Verf.: zur bildhaften Veranschaulichung der Projektwoche, s. nachfolgend die Abb. 26–28 aus der Dokumentation der Projektwoche durch das Ausbildungsteam, Breitfeld, J. (Autor), Anlage zum Abschlussbericht, Berlin 2004).

Vorbereitung	Organisation	Planung	Durchführung	Abschluss
Projektmotivation	Wahl Projektleitung und Vertretung	Kick-off	Anfertigung Fragebogen	Abschlussarbeiten
Projektbeschreibung	Absprache mit Auftraggeber	Zeitplanung	Desk-Research	Reflexion
Zielsetzung	Konkretisierung der Projektziele	Definition der Arbeitspakete	Befragungen in den Ladenlokalen	Abschlussbericht
		Erstellung Netzplan	Auswertung der Befragungen	Präsentation
				Film

Abb. 21: Projektstruktur-Plan „Genderkompetentes Marketing im T-Punkt" (Quelle: Lippe-Heinrich 2010)

- Gender-Sensibilisierung
- Gender-Lernen, -Erkennen, -Anwenden
- Befragung der Kunden zu definierten Themen
- Entwicklung eines Befragungsinstruments/Desk-Research
- Gendergerechte Einteilung der Teams
- Analyse und Auswertung der Befragung
- Dokumentation und Präsentation für die Auftraggeber
- Video- und Fotodokumentation/Intranet- und Internetauftritt

Abb. 22: Hauptaufgaben – der Projektauftrag (Quelle: Lippe-Heinrich 2010)

- ➢Einhaltung der Regeln des Projektmanagements, speziell Berichtswesen und Ablauforganisation
- ➢Dokumentation der Arbeit durch Fotos, die in einem laufenden Prozess zu einem Film verarbeitet wurden
- ➢technische Möglichkeiten für die Auswertung der Befragungsergebnisse wurden voll ausgeschöpft
- ➢sinn- und gehaltvolle Präsentation durch die Auszubildenden
- ➢Erstellung einer ansprechenden Dokumentation

Abb. 23: Teilleistungen des Projektteams (Quelle: Lippe-Heinrich 2010)

9.2 Projektbeispiel 2: Handlungsorientiertes und genderintegriertes Lernen am Kundenauftrag: Erstellung eines licht-technischen Angebots

„Gendergerechte Gestaltung eines Messestandes"

Mit dem gleichen methodischen Ansatz der „ganzheitlichen und gendergerechten Ausgestaltung einer regulären Ausbildungsaufgabe" wurde das betriebliche Begleitprojekt (BB2) der Medienakademie geplant. Es wurde eingebettet in eine Ausbildungswoche und umfasste die „Erstellung eines Angebots für die licht- und tontechnische Raumausstattung im Kundenauftrag". Auch dieser reguläre Bestandteil des Ausbildungsrahmenplans der beruflichen Erst-Ausbildung im Bereich der Veranstaltungstechnik wurde „gegendert" und erhielt zusätzliche Aufgabenbestandteile, welche eine Gendersensibilisierung verlangten. Somit wurde auch bei BB2 vom jeweiligen Vorbereitungsteam gemeinsam mit den Ausbildungsverantwortlichen ein „genderintegriertes Projektthema" erarbeitet, welches als „gender-integrierter Ansatz" das Ziel verfolgte, sowohl die fachpraktischen Lernziele als auch die Lernziele des sozialen Lernens, wie Orientierung auf geschlechtsspezifische Ungleichgewichte und Ungleichbehandlungen zu thematisieren, zu bearbeiten und entsprechende Kompetenzen zur Auflösung zu vermitteln.

Auch in diesem Ausbildungsprojekt kamen bei der Bildung unterschiedlich zusammengesetzte Projektteams zum Einsatz. Es handelte sich um unterschiedlich zusammengesetzte Vierer-Gruppen, mit unterschiedlicher Repräsentanz von weiblichen Azubis in den Teams. Die wenigen Frauen wurden auf die vier Projektgruppen aufgeteilt. Der Frauenanteil bewegte sich zwischen 0%, also keiner Frau in der Gruppe, 50% (zwei Frauen) und zwei Mal jeweils 25% (jeweils eine Frau).

Dieser Aspekt, der auf Anregung der Ausbildenden als Gestaltungselement eingebracht wurde, war insofern von Relevanz, als es die Aufgabe der Wissenschaftlichen Begleitung sein sollte, während der gesamten Projektwoche anwesend zu sein und die geschlechtsspezifische Interaktion in den Gruppen mit unterschiedlichen Frauenanteilen durch teilnehmende Beobachtung auszuwerten, eine klassische Methode der empirischen Sozialforschung. Dieser Ansatz war sehr aufschlussreich, da deutlich zu beobachten war, dass überall, wo der Frauenanteil unter 30% lag, die Frauen sehr defensiv agierten und kaum in der Gruppendynamik auffielen. Sie hielten sich besonders in der Repräsentation der Arbeitsergebnisse nach außen (im Plenum) zurück und wirkten sehr angestrengt. Sie waren als Gruppenmitglieder präsent, aktiv und kompetent, aber sie traten nach außen weder als Sprecherin, noch als Berichterstatterin auf, eher als Protokollführerin. Bemerkenswert war, dass die Frauen sogar in der Pause durcharbeiteten. Bei den Männern war offensichtlich, dass sie die Sprecher- und Leitungsrolle in den gemischten Gruppen gerne von Anfang an für sich beanspruchten, wobei sie dann eher dazu neigten, zusätzliche Leitungsfunktionen zu schaffen, als auf eine leitende Stellung in der Gruppe zu verzichten. Die Frauen traten diesbezüglich nicht in Erscheinung. Sie arbeiteten unauffällig und konstant als Gruppenmitglied im Team. Ihre Haltung war eher angespannt und überaus diszipliniert.

Im Folgenden findet sich die Aufgabe, welche die „gegenderte Version der regulären Projektaufgabe“ darstellt und wie gemeinsam in der Planungsrunde abgestimmt.

Beispiel einer gender-integrierten, ganzheitlichen Projektaufgabe für die Projektwoche des Unternehmens BB2: Projektauftrag Wittekind

Denken Sie als Projektleitung, welche volle Entscheidungsbefugnis hat!

Wittekind GmbH

Märkische Allee 15

16548 Glienicke/Nordbahn

Ausschreibung für ein Angebot

Sehr geehrte Damen und Herren,

für die Angestellten der Wittekind GmbH findet am 27.2.200X eine Betriebsversammlung in der Bürgerhalle des örtlichen Klubhauses statt.

Vor und nach der Betriebsversammlung können sich die Angestellten an 6 Ausstellungsständen mit Schautafeln und IT-Systemen über den Ausbildungsstand unserer Auszubildenden informieren.

Zur Betriebsversammlung soll die Halle mit Licht und Ton ausgestattet werden. Aus betrieblichen Gründen können von der Wittekind GmbH nur 5 dieser Stände ausgestattet werden. Die Gestaltung des 6. Standes – eine Demonstration der Attraktivität des neuen Medienberufs „Fachkraft für Veranstaltungstechnik" für weibliche Auszubildende ist Gegenstand des abzugebenden Angebots. Ein entsprechendes Marketingkonzept für diesen Beruf aus der Sicht der Frauen ist zu entwickeln. Weitere Wünsche bezüglich der Ausstellungsstände teilen wir Ihnen im persönlichen Gespräch mit.

Als zusätzlichen Service wünschen wir eine Beschreibung der Sicherheitsstandards und Ihre vorgesehenen Sicherheitsmaßnahmen für die Veranstaltung. Ebenso möchten wir eine exakte Berechnung der Leitungsbelastung „Licht" und eine exakte Berechnung der Lasten „Licht" an den Hängesegmenten. Eine Produktbeschreibung aller verwendeten Beleuchtungskomponenten inklusive ihrer Leistungsmerkmale wäre in meinem Interesse. Als Termin für das Angebot wünsche ich den 19.12.20XX.

Das Angebot soll in Form einer Ergebnispräsentation vorgestellt werden. Genaue Angaben über die Veranstaltung entnehmen Sie bitte dem beiliegenden Datenblatt und dem Grundrissplan.

Mit freundlichen Grüßen

Werner Schubert

Geschäftsführer

Quelle: Lippe-Heinrich 2021, Anhang: Dokumentation Projektwoche Begleitprojekt BB2

9.3 Exemplarische Suchworte

Zur vertiefenden Recherche und Definition der hier aufgelisteten Begriffe kann das Internet für das Selbstlernen genutzt werden:

- Arme
- Audit für Familie und Beruf
- Benachteiligte Arbeitnehmende
- Behinderte Menschen
- Berufsorientierung
- Demografischer Wandel
- Demokratie
- Diskriminierung
- Diversity Management
- Europäisches Bildungsprogramm ERASMUS+
- Europäische Sozialcharta
- Frauenförderung
- Führungsstil
- Gender Mainstreaming
- Gewerkschaften
- Gleichstellungsgesetz
- Gleichwertigkeit
- Gleichberechtigung
- Grundgesetz, Artikel 3
- Integration
- Inklusion
- LGBTQ
- Menschenrechte
- Menschenwürde
- Migration
- Politik des leeren Stuhls
- Rassismus
- Soziale Frage
- Sozialstaatspostulat
- Sozialwirtschaft
- VUCA-Welt
- Unternehmensgrößen
- Wirtschaftsbereiche
- Quotierung
- Zielgruppen

10 Literatur/Internetquellen/Abbildungen/Schlagworte

Literatur

ANTIDISKRIMINIERUNGSSTELLE des Bundes (Hg.): AGG-Wegweiser, Erläuterungen und Beispiele zum Allgemeinen Gleichbehandlungsgesetz, Berlin 20144

ANTIDISKRIMINIERUNGSSTELLE des Bundes (Hg.): Gleichbehandlungscheck, Ihr Kompass zu einem geschlechtergerechten Unternehmen, www.gb-check.de [12.10.2022, 19:16]

ANTIDISKRIMINIERUNGSSTELLE des Bundes: Das allgemeine Gleichbehandlungsgesetz (AGG), 2016[6]

ANKERSEN, Wiebke: Zum Frauentag ein FührungsFloskelBingo, http://www.allbright- stiftung.de/bingo/ [12.10.2022,19:09]

ANTONS, Klaus: Praxis der Gruppendynamik, Übungen und Techniken, Göttingen/Toronto/ Zürich 1992

ARNOLD, Rolf/Krämer-Stürzl, Antje: Berufs- und Arbeitspädagogik, Leitfaden der Ausbildungspraxis in Produktions- und Dienstleistungsberufen, Berlin 1999

BAECHLER, Melanie: Die Rolle der internen Kommunikation und deren Einflussmöglichkeiten bei einer agilen Transformation von Organisationen, Hochschule der Medien, Stuttgart, Masterthesis im Studiengang: Crossmedia Publishing and Management, in: Martin Mikusz et al (Hg.): Projektmanagement und Vorgehensmodelle 2018, Lecture Notes in Informatics (LNI), Bonn 2018, S. 207–216

BALLIN, Dieter/Brater, Michael: Handlungsorientiert lernen mit Multimedia, Lernarrangements planen, entwickeln und einsetzen, Nürnberg 1996

BFW-BERLIN-BRANDENBURG: Abschlussbericht zum Stand der Umsetzung von GM-Ansätzen in ausgewählten, europäischen Ländern vor dem Hintergrund aktueller Entwicklungen zur Frauenerwerbstätigkeit in Europa“, in: Wirtschaftsbeziehungen und Gendermainstreaming (GM) in ausgewählten europäischen Ländern, Berlin 2001

BECK, Dorothea/Graef, Anne: Chancengleich. Handbuch für eine gute betriebliche Praxis, Frankfurt/M., 2003

BENARD, Cheryl/Schlaffer, Edith: Sagt uns, wo die Väter sind. Von der Arbeitssucht und Fahnenflucht des zweiten Elternteils, Hamburg 1991

BDA (Hg.): Best Practice für Inklusion, Unternehmensforum e.V., Ingelheim 2014

BECK, Ulrich/Giddens, Anthony/Lash, Scott: Reflexive Modernisierung. Eine Kontroverse, Frankfurt/M. 1996

BECK, Dorothee/Graef, Anne: Chancengleich, Handbuch für eine gute, betriebliche Praxis, Frankfurt/M. 2003

BEDNARZ, Sigrid/Lippe-Heinrich, Angelika/Schmidt, Evelyn: Gender Mainstreaming in der beruflichen Bildung, in: Bednarz, Sigrid/Schmidt, Evelyn (Hg.): Arbeitsprozessorientierte und gendergerechte IT-Ausbildung, Handreichungen, Umsetzungsempfehlungen – Beispiele für die Praxis, Berichte zur beruflichen Bildung, Schriftenreihe des BIBB, Bonn 2008, S. 39–56

BEERMANN-HAGEL, Susanne/Schubach, Monika: Spiele für Workshops und Seminare, Freiburg [3]2012

BERUF und Familie (Hg.): Das Audit Beruf und Familie, Erweitern Sie Ihre Chancen, Wechseln Sie die Perspektive, www.beruf-und-familie.de [14.11.2021, 15:37]

BERUF und Familie (Hg.): Familienbewusste Personalpolitik – Ihr Wettbewerbsvorteil, Das Audit Beruf und Familie, www.beruf-und-familie.de [14.11.2021, 15:37]

BERTHEL, Jürgen/Becker, Fred G.: Personalmanagement, Stuttgart 2021[12]

BMAS (Hg.): Einfach machen, Zusammen Arbeiten, Inklusion in Unternehmen und Institutionen, Ein Leitfaden für die Praxis, Vorwort von A. Nahles, o. D.

BMFSFJ (Hg.): Datenreport zur Gleichstellung von Frauen und Männern in der Bundesrepublik Deutschland, Berlin 2005

BMFSFJ (Hg.): Wege zur Gleichstellung, heute und morgen, Sozialwissenschaftliche Untersuchung vor dem Hintergrund der Sinus-Milieus, Berlin 2007

BMFSFJ (Hg.): Väter und Vereinbarkeit, Leitfaden für väterorientierte Personalpolitik, o. D.

BEHNKE, Andrea: Die 50 besten Warm-up Spiele für Gruppen, München 2019

BERUF und Familie Service GmbH (Hg.): Audit Beruf und Familie, Strategisches Managementinstrument für Unternehmen und Institutionen, http://www.berufundfamilie.de/auditierung-unternehmen-institutionen-hochschule/audit [12.10.2022, 15:49]

BFW (Hg.): Abschlussbericht zum Stand der Umsetzung von Gender Mainstreaming-Ansätzen in ausgewählten, europäischen Ländern vor dem Hintergrund aktueller Entwicklungen zur Frauenerwerbstätigkeit in Europa, in: Wirtschaftsbeziehungen und Gender Mainstreaming in ausgewählten europäischen Ländern (Autorin: Lippe-Heinrich, Angelika), verfügbar in drei Sprachen: deutsch/englisch/französisch), 2001

BFW Berlin/HWK Hamburg (Hg.): Abschlussbericht zum Modellversuch IT-Kompetenz und Gender Mainstreaming in Aus-Weiterbildung", (Autorinnen: Bednarz, Sigrid/Schmidt, Evelyn) inkl. integrale Berichterstattung der wissenschaftlichen Begleitung (Autorin: Lippe-Heinrich, Angelika), Berlin 2005

BIRKENBIHL, Vera: Kommunikationstraining, Zwischenmenschliche Beziehungen erfolgreich gestalten, Augsburg 1994

BONKOWSKI, Frank: Team Building, 44 Aktionen, die verbinden, Neukirchen-Vluyn 2011[3]

BRATER, Michael/Büchele, Ute/Herz, Gerhard: Berufsbildung und Persönlichkeitsentwicklung, Freies Geistesleben, Stuttgart 1988

BUCKERT, Andreas/Kluge, Michael: Der Ausbilder als Coach, 2017[6]

BUNDESINSTITUT für Berufsbildung (Hg.): Chancengleichheit in der beruflichen Bildung von Frauen, BMB+F, BIBB, Berlin/Bonn 1997

BMA (Hg.): Väter und Vereinbarkeit, Leitfaden für väterorientierte Personalpolitik, Berlin 2017

BMB+F (Hg.): Selbstgesteuertes Lernen, Möglichkeiten, Beispiele, Lösungsansätze, Probleme, KAW, Bonn 1998

BMFSFJ (Hg.): Väterreport 2018, Giffey, Franziska, Berlin 2018

BMFSFJ (Hg.): Wege zur Gleichstellung heute und morgen, Sozialwissenschaftliche Untersuchung vor dem Hintergrund der Sinus-Milieus 2007, Heidelberg 2007

BMFSFJ (Hg.): Betriebswirtschaftliche Effekte familienfreundlicher Maßnahmen, Kosten-Nutzen-Analyse, Berlin 2003

BROICH, Josef: Gruppenspiele anleiten, Vorbereiten und Durchführen, Köln 1997

BUNDESZENTRALE für Politische Bildung (Hg.): Methodenkiste, Karteikarten, Bonn 2001

CEDEFOP (Hg.): Future Skill Needs in Europe, Medium-Term Forecast, Syntheses Report, Thessaloniki 2008

COM EU (Hg.): GenderEqualityIndex (Hg.): Report 2005-2005, Brüssel 2017

COM EU (Hg.): Employment and Social Developments in Europe 2018, Directorate-General for Employment, Social Affairs and Inclusion, Directorate A, Brüssel 2018

COM EU (Hg.): Report on equality between women and men, Brüssel 2016

COM EU (Hg.): The provision of childcare services, a comparative review of 30 European countries, Social Affairs and Equal Opportunities, Brüssel 2009

DÄLKEN, Michaela: Managing Diversity, mit CD-ROM, Betriebs- und Dienstvereinbarungen, Analyse und Handlungsempfehlungen, Hans-Böckler-Stiftung, Frankfurt/M. 2012

DEHNBOSTEL, Peter/Hecker, Oskar/Höpke, Ingrid/Walter-Lezius, Hans/Weilböck-Buck, Ingeborg/Wolf, Brigitte: Neue Technologien und berufliche Bildung, Modellhafte Entwicklungen und theoretische Erkenntnisse, BIBB, Berichte zur beruflichen Bildung, Heft 151, Bonn 1992

DERICHS-KUNSTMANN, Karin/Auszra, Susanne/Müthing, Brigitte: Von der Inszenierung des Geschlechterverhältnisses zur geschlechtergerechten Didaktik, Konstitution und Reproduktion des Geschlechterverhältnisses in der Erwachsenenbildung, Bielefeld 1999

DESTATIS: 11.Koordinierte Bevölkerungsvorausberechnung, Wiesbaden 2003

DGB (Hg.): Väter in Elternzeit, Ein Handlungsfeld für Betriebs- und Personalräte, Verdi, Gender Mainstreaming, 2015

DGB (Hg.): Elterngeld Plus – ein Leitfaden für Betriebs- und Personalräte, 2016

DIHK (Hg.): Familienorientierte Personalpolitik, Checkheft für kleine und mittlere Unternehmen, Berlin 2004

DGB (Hg.): Väter in Elternzeit, Ein Handlungsfeld für Betriebs- und Personalräte, Verdi Gender Mainstreaming, 2015

DIHK (Hg.): Familienorientierte Personalpolitik, Checkheft für kleine und mittlere Unternehmen, Berlin 2004

DIW (Hg.): Führungskräftemonitor 2015, Update 2001–2013, Politikberatung Kompakt

DGB (Hg.): Was bedeutet die Digitalisierung für Frauen, Eine Beschäftigtenumfrage, DGB-Index Gute Arbeit mit dem Schwerpunkt Digitalisierung, Berlin 2016

DIEKMANN, Andreas: Empirische Sozialforschung, Grundlagen, Methoden, Anwendungen, Hamburg 2017[11]

ERNST, Karin: Das Einfache, das schwer zu machen ist. Erwachsene lernen „wie Kinder", in: Die Grundschulzeitschrift 35, 1990, S. 29–32

ERXLEBEN geb. Leporin, Dorothea: Gründliche Untersuchung der Ursachen, die das weibliche Geschlecht vom Studieren abhalten, Dissertation, Berlin 1742, Fotokopie: Siemens Archiv

EIGENMANN, L./Holl, Y./Kovats, E. et al: Auf dem Weg zur Geschlechtergerechtigkeit, Berichte aus Dänemark, Deutschland, Frankreich, Großbritannien, Österreich, Schweden, Ungarn und USA, FES, Internationale Politikanalyse, 2016

FORD-WERKE Köln (Hg.). Diversity, Vielfalt als Stärke, Köln 2002

FLORY, Judith: Gender Pension Gap, Entwicklung eines Indikators für faire Einkommensperspektiven von Frauen und Männern, Fraunhofer-Institut für Angewandte Informationstechnik (FIT) für das Bundesministerium für Familie, Senioren, Frauen und Jugend, BMSFJ, Berlin 2011

GANSER, Petra/Jerchel, Kerstin/Jochmann-Döll, Andrea/Tondorf, Karin: PraxisHandbuch Gleichbehandlung, Ungleichbehandlung vorbeugen – Rechte nutzen – Gleichstellung herstellen, Verdi Tarifpolitische Grundsatzabteilung Bereich Recht, mit zehn Checklisten zur Prüfung des Standes der betrieblichen Gleichstellung, o.J.

GENDER Equality Index: 2021, https://eige.europa.eu/gender-equality-index/2021 [08.10.22]

GENERALDIREKTION Beschäftigung, soziale Angelegenheiten und Chancengleichheit, Referat D3, Brüssel 2005

GFDS (Hg.): Adam, Eva und die Sprache, Beiträge zur Geschlechterforschung, herausgegeben von der Dudenredaktion und der Gesellschaft für deutsche Sprache, Wiesbaden 2004

GIESEKE, Wiltrud (Hg.): Handbuch zur Frauenbildung, Opladen 2001

GREIF, Monika: Mädchen in gewerblich-technischen Ausbildungsberufen, Modellversuch bei VEBA und Conti, in: Wechselwirkung 8/1981

GRIMM, Axel (Hg.): Didaktik der beruflichen Fachrichtung Informationstechnik/ Informatik, Band 1, Theoriebildung, Peter Lang, Berlin, Bern, Bruxelles, New York, Oxford, Warszawa, Wien, Berlin 2021

EUROPÄISCHER Gewerkschaftsbund: Die erwerbstätigen Frauen, Weißbuch über die Arbeitnehmerinnen in Europa, EGB, Brüssel 1976

HACKER, Winfried/Volpert, Walter: Handlungsstrukturanalyse als Beitrag zur Qualifikation, Köln 1983

HACKER, Winfried: Allgemeine Arbeitspsychologie, Bern 2005

HASENBECK, Maja: Abenteuer und Aktion, Das Spiel-Erlebnisbuch, Niedernhausen 1999

HATLAPPA, Ute: Wahrnehmungsspiele, Freiburg 2003

HAUFE Online Redaktion: Zielvereinbarungen bei den Berliner Verkehrsbetrieben, Topthema Frauenförderung, 11.3.2015

HENSGE, Katrin/Lorig, Barbara/Schreiber, Daniel: Kompetenzstandards in der Berufsbildung, Abschlussbericht, Bonn 2009

HENSGE, Katrin/Schlottau, Walter: Lehren und Lernen im Internet- Organisation und Gestaltung virtueller Zentren, Gütersloh 2001

HESSE/SCHRADER: Das erfolgreiche Vorstellungsgespräch, Frankfurt/M. 2008

HEYSE, Volker (Hg.): Personal- und Organisationsentwicklung, Wertewandel, Krisenmanagement, SEMDOC, Berlin 1994

HÖPER, Claus-Jürgen/Kutzleb, Ulrike/Stobbe, Alke/Weber, Bertram: Die spielende Gruppe – 115 Vorschläge für soziales Lernen in Gruppen, Wuppertal 1984

HÖPFNER, Hans-Dieter/Meerten, Egon: Die neue Rolle der Ausbilder verwirklichen, Salzgitter 1992

HOFFMANN, Achim: Kreatives Spielen, Leipzig/Jena/Berlin 1990

HOLLER, Ingrid: Trainingsbuch Gewaltfreie Kommunikation, Paderborn 2008

HOLST, Elke/Marquard, Anne: Die Berufserfahrung in Vollzeit erklärt den Gender Pay Gap bei Führungskräften maßgeblich, in: DIW-Wochenbericht, 30+31, 2018

HOLST, Elke/Wrohlich, Katharina: Managerinnen-Barometer 2019, DIW Wochenbericht 3/2019, Frauenanteile in Aufsichtsräten

HOLST, Elke/Wrohlich, Katharina: Spitzengremien großer Unternehmen: Geschlechterquote zeigt erste Wirkung in Aufsichtsräten – Vorstände bleiben Männerdomänen, Managerinnen-Barometer Unternehmen, DIW Wochenbericht Nr. 1 und 2, 2017

HOLST, Elke: Better career opportunities for women will help lower the gender pay gap, in: DIW Economic Bulletin, 2/2016

HOLST, Elke/Friedrich, Martin (2016): Hohe Führungspositionen: In der Finanzbranche haben Frauen im Vergleich zu Männern besonders geringe Chancen, DIW Wochenbericht, 37/2016, S. 827

HOLST, Elke/Kirsch, Anja: Weiterhin kaum Frauen in den Vorständen großer Unternehmen, auch Aufsichtsräte bleiben Männerdomänen, in: DIW Bulletin, 4/2015, S. 47–60

FAMILIENLEISTUNGEN. Mit Elterngeld und Steuerbegünstigung, Vorteil 2007, in: Unterhofer, Welteke und Wrohlich, DIW-Wochenbericht, 34/2007, S. 660

HWK Hamburg (Hg.): Technisch-organisatorischer Abschlussbericht zum EU-geförderten Projekt: IWB-Company – Entwicklung von Implementierungsstrategien für Worklife Balance als Bestandteil neuer Arbeits- und Lebenskonzepte, Hamburg, 2003

HWK Hamburg (Hg.), 2003 a.): Berufsbegleitende Fortbildung betrieblicher Fach- und Führungskräfte zum Thema „Worklife-Balance" – ein europäisches Curriculum in Bausteinen", Baustein 2 zum Abschlussbericht des EU-geförderten Projekts „IWB-Company", Autorinnen: Lippe-Heinrich, Angelika/Schonefeld, Hilde: Mainstreaming und Worklife-Balance im Betrieb, Hamburg 2003

HWK Hamburg (Hg.), 2003 b.): Worklife Balance und Gender Mainstreaming aus der persönlichen Sicht von Männern und Frauen, Biografische Interviews, Baustein 1 zum Abschlussbericht des EU-geförderten Projekts „IWB-Company", Autorin: Niemann, Carola, Hamburg 2003

HWK Hamburg (Hg.), 2003 c.): Gender, Sex und Kompetenzen, Spiele zur Sensibilisierung und Orientierung, Baustein 3 zum Abschlussbericht des EU-geförderten Projekts „IWB-Company", Autorin: Laurence Nobili, Hamburg 2003

IACOCCA, Lee/Novak, William: Eine amerikanische Karriere, Econ, Düsseldorf 1995

IFF-FAKULTÄT für Interdisziplinäre Forschung und Fortbildung, Arbeitsbereich Wissenschaft und Arbeitswelt: Grundlagen der Gendersensibilität in der Lehre, Leitfaden für gendersensible Didaktik, Frauen, Wien 2007

INBAS (Hg.): IT-Ausbilderinnen, Wegbereiterinnen für Genderkompetenz in der IT-Ausbildung, Klose, C./Stolz, I. (Autorinnen), Offenbach/M. 2004

KÄRGER, Caroline/Gurr, Judith: Lernen im Dialog, Aktivierende Methoden in der politikwissenschaftlichen Lehre, Frankfurt/M. 2020

JESCHKE, Kurt/Böhlich, Susanne: Kompetenzmanagement – dem Gender Gap systematisch begegnen, in: Sonderdruck von IUBH Personalwirtschaft, 07/2016

KARGER, Caroline/Gurr, Judith: Lernen im Dialog, Wochenschau Verlag, Frankfurt/M., 2020

KIMMELMANN, Nicole: Diversity Management – (k)ein Thema für die berufliche Bildung? in: BWP 1/2009

KOHAUT, Susanne/Möller, Iris: Führungspositionen in der Privatwirtschaft – Frauenkommen auf den Chefetagen nicht voran, Institut für Arbeitsmarkt- und Berufsforschung, IAB Kurzbericht 6/2010

KRELL, Gertraud/Sieben, Barbara: Chancengleichheit durch Personalpolitik: Gleichstellung von Frauen und Männern in Unternehmen und Verwaltungen, S. 155–174

KROMREY, Helmut: Empirische Sozialforschung, Stuttgart 2006[11]

LAHNINGER, Paul: leiten – präsentieren – moderieren, Arbeits- und Methodenbuch für Teamentwicklung und qualifizierte Aus- und Weiterbildung, Ökotopia, Münster 2008

LINDAUER, Tanja: Lexikon: Stereotyp, https://www.helles-koepfchen.de/wissen/lexikon/stereotyp/, S. 1 von 2, [4.11.2008, 16:38]

LIPPE, Angelika: Gewerkschaftliche Frauenarbeit – Parallelität ihrer Probleme in Frankreich und der Bundesrepublik, Deutschland 1949–1979, Dissertationsschrift, Frankfurt/M./New York 1983

LIPPE, Angelika: Vorbilder helfen bei der Berufswahl: Auf den Führungsebenen fehlen die flexiblen Arbeitsformen, VDI Nachrichten 2/87 1987

LIPPE, Angelika: Abschlussbericht zur Pilotstudie: Qualifizierungsprojekte für Frauen Im Bereich Informationstechnik – ein Vergleich von Maßnahmen und Methoden im europäischen Raum, Berlin 1991

LIPPE, Angelika: Betriebliche Potentialerhöhung mit flachen Hierarchien, Kurzfassung der Machbarkeitsstudie zum Teil los Handwerk im Auftrag der Senatsverwaltung für Arbeit und Frauen und der Europäischen Kommission (Europäischer Sozialfonds), gemeinsame Veröffentlichung aller Fachgutachten in einem Reader, Landesbank Berlin (Hg.): Arbeitsstandort Berlin, Berlin 1995

LIPPE, Angelika/Schemme, Dorothea: Frauen als Multiplikatorinnen der Innovationskultur, in: Zeitschrift für berufliche Umweltbildung (ZBU), Heft 3/96, 1996

LIPPE-HEINRICH, Angelika: The ASTRANET Experience in the Berlin Region – Training And Implementation Strategies for Using Internet in SMEs, in: Tagungs-Band zur Online-Educa, Berlin, 1997a

LIPPE-HEINRICH, Angelika/Wielpütz, Renate/Wolff, Brigitte: Qualität von Evaluation und Transfer, in: Qualitätssicherung & Chancengleichheit in der beruflichen Aus- und Weiterbildung, Bundesinstitut für Berufsbildung, (unterstützt durch bmb+f), Der General-Sekretär, Berlin, 1997b

LIPPE-HEINRICH, Angelika: Zur Bedeutung von Internet und Online-Systemen für die zukünftige Entwicklung von Qualifikationsanforderungen; Hypothesen und Erfahrungswerte, in: Zeitschrift des CEDEFOP: Europäische Berufsbildung, 1999

LIPPE-HEINRICH, Angelika: Flexibles Altern, Instrumente, Erfahrungen und Gestaltungsansätze zu den Auswirkungen des demographischen Wandels auf handwerkliche Klein- und Mittelbetriebe, in: „Zukunftsfähige Konzepte für das Handwerk zur Bewältigung des demografischen Wandels (HWK Hamburg (12/2001); BMB+F Broschürenreihe Demografie und Erwerbsarbeit, Stuttgart 2001

LIPPE-HEINRICH, Angelika/Wöste, Stefanie: Leitfaden „Altersgerechte, flexible Arbeit im Handwerk (ALFIH): Grundlagen betrieblicher Gestaltungskonzepte: Exemplarische Erfahrungen und Handreichungen, Handwerkskammer Hamburg (Hg.), Abschlussbericht zum gleichnamigen Forschungsprojekt des BMB+F, Schwerpunkt Demotrans, Hamburg 2002

LIPPE-HEINRICH, Angelika: Technisch-organisatorischer Abschlussbericht zum EU-geförderten Modellprojekt „Entwicklung von Implementierungsstrategien für Worklife Balance als Bestandteil neuer Arbeits- und Lebenskonzepte“, Berlin 2003

LIPPE-HEINRICH, Angelika: Genderlernen in den neuen IT- und Medienberufen Befunde empirischer Erhebungen – ein Fazit aus der Sicht der wissenschaftlichen Begleitforschung, in Bendl,

Regine (Hg.): Betriebswirtschaftslehre und Geschlechterforschung, Verortung geschlechterkonstituierender (Re-) Produktionsprozesse zur Standortbestimmung der Betriebswirtschaftslehre, Frankfurt/M./Berlin/Bern/New York/Paris/Wien 2006

LIPPE-HEINRICH, Angelika: Strategien zur Auflösung von Geschlechterstereotypen durch Bildungsprozesse – ein Fazit der wissenschaftlichen Begleitforschung, in: KONSENS Nr. 4/2007, S. 15–17

LIPPE-HEINRICH, Angelika: Exemplarisches Genderlernen in der prozess-orientierten Aus- und Weiterbildung als Maßnahme zur Erhöhung der Repräsentanz von Frauen in den IT-Berufen, in: Sigrid Bednarz/Schmidt, Evelyn (Hg.): Arbeitsprozessorientierte und gendergerechte Ausbildung im IT-Bereich, Erfahrungen aus dem BiBB-Modellversuch „IT-Kompetenz und Gender Mainstreaming in der Aus- und Weiterbildung", Bonn 2008

LIPPE-HEINRICH, Angelika: Die jüngeren Frauen – Interview mit Jacqueline Nonon, ehemalige Leiterin des Frauenbüros der Europäischen Gemeinschaften, in: Konsens, DAB International, Zeitschrift des Deutschen Akademikerinnenbundes, Heft 4/2009, S. 32–34

LIPPE-HEINRICH, Angelika: Gendergerechte Transformation von Arbeits- und Lern-Prozessen – ein Beitrag zur Ausbildung in IT- und Medienberufen, in: Dagmar Jäger/Franke, Vera/Schild, Margit/von Hasselbach, Julia u.a. (Hg.): Künstlerische Transformationen, Modelle kollektiver Kunstproduktion und der Dialog zwischen den Künsten, Berlin 2010

LIPPE-HEINRICH, Angelika: Personalmanagement in der digitalisierten Arbeitswelt – Konzepte, Instrumente und Beispiele guter Praxis. Lehrbuch, Wiesbaden 2019

LIPPE-HEINRICH, Angelika: „Ganzheitliche IT-Kompetenz und Gleichstellung" – Befunde der wissenschaftlichen Begleitung einer innovativen Bildungspraxis", in: Axel Grimm (Hg.): Didaktik der beruflichen Fachrichtung Informationstechnik/Informatik, Band 1: Theoriebildung, Berlin/Bern/Bruxelles/New York/Oxford/Warszawa/Wien, Berlin 2021, S. 267–300

LIPPE, Michaela: Theater im Unterricht, Chania 1993

LUFT, Joseph/Ingham, Harry: The Johari-Window, a graphic model of interpersonal awareness, in: proceedings of the western training laboratory in group development, Los Angeles, UCLA 1955

MACKAY, Hugh: Warum hörst Du mir nie zu? Zehn Regeln für eine bessere Kommunikation, DTV, München 1994

MAYRING, Philipp: Qualitative Sozialforschung, Weinheim/Basel 2002

MARRS; Kira: Frauen in der digitalen Arbeitswelt – morgen, in: dbb (Hg.): Digitalisierte Welt: Frauen 4.0 – rund um die Uhr vernetzt? Chancen erkennen, Risiken benennen, S. 47–57

MASCHKE, Manuela: Flexible Arbeitszeitgestaltung, WISO Diskurs, FES 04/2016

MEAD, Margaret: L'un et l'autre sexe, Paris 1966

MEISSNER, Monika/Stadter, Ernst A.: Kinder lernen leben, Beziehungslernen in der Grundschule, Ehrenwirth, München 1995

MOHL, Alexa: Auch ohne, dass ein Prinz dich küsst, NLP-Kommunikationsmethoden, Junfermann, Paderborn 1994

MÜLLER, Lotte: Einstellung auf Freitätigkeit, Leipzig 1929

MÜLLER, Kurt R. (Hg.): Kurs- und Seminargestaltung, Weinheim/Basel 1994[6]

MYRDAL, Alva/Klein, Viola: Die Doppelrolle der Frau in Familie und Beruf, Köln 1971

NUTZENBERGER, Stefanie/Welskop-Deffaa, Eva M. (Hg.): Aufregend bunt, besonders vielfältig! Managing Diversity in Betrieb und Verwaltung, Hamburg 2014

OECD (Hg.): Dare to share: Germany's Experience Promoting Equal Partnership in Families, Paris 2016

OSHA (Hg.): New risks and trends in the safety and health of women at work, European Risk Observatory, Literature review, Luxemburg 2013

OTT, Bernd: Grundlagen des beruflichen Lernens und Lehrens, Ganzheitliches Lernen in der beruflichen Bildung, 2000

PETERS-KÜHLINGER, Friedel John: Soft Skills, 2006, S. 8

PERIER, Jacqueline: Retravailler: Une methode à vivre, Paris 1990

PORTMANN, Rosemarie: Die 50 besten Spiele für mehr Sozialkompetenz, München 2009

POSSEHL, Gianna: Test & Training, Durchsetzungsstärke, Haufe, Freiburg 2006

PRAVDA, Gisela: Die Genderperspektive in der Weiterbildung, Bonn 2003

ROHS, Matthias (Hg.): Arbeitsprozessintegriertes Lernen, Neue Ansätze für die berufliche Bildung, Münster/New York/München/Berlin 2002

RUEGG-STURM, Johannes/Grand, Simon: Das St. Galler Management-Modell, 2015

RIFKIN, Jeremy: Das Ende der Arbeit, New York 1995

SANDERS, James, R. (Hg.): Handbuch der Evaluationsstandards, Die Standards der Joint Committee on Standards for Educational Evaluation, Opladen 2000[2]

SCHARFENBERG, Günter: Lernziel Soziale Kompetenz, Handbuch zum sozialen Lernen, Bildungswerk für Demokratie und Umweltschutz, Berlin 1996

SCHÖN, Christine: Betriebliche Gleichstellungspolitik, Konzepte, Strategien, Praxisbeispiele, Hans-Böckler-Stiftung, 2002

STADT Wien (Hg.): Grundlagen der Gendersensibilität in der Lehre, Leitfaden für gendersensible Didaktik, IFF-Fakultät für Interdisziplinäre Forschung und Fortbildung, Arbeitsbereich Wissenschaft und Arbeitswelt, Gindl, M./Hefler, G./Hellmer, S. (Autoren), Wien 2007

SENATSVERWALTUNG für Wirtschaft, Arbeit und Frauen: Leitfaden für eine geschlechtergerechte Sprache in der Verwaltung, Berlin 2006

SENNETT, Richard (1998): Der flexible Mensch, Die Kultur des neuen Kapitalismus, Berlin 1998

SCHIMETA, Julia: Einsam an der Spitze, Frauen in Führungspositionen im öffentlichen Sektor, DIW Berlin, Friedrich-Ebert-Stiftung, Forum Politik und Gesellschaft, Berlin 2012

SCHMIDT, Florian: Arbeitsmärkte in der Plattformökonomie – Zur Funktionsweise und den Herausforderungen von Crowdwork und Gigwork, https://library.fes.de/files/wiso/12826.pdf [08.10.2022, 19:37]

SCHÖSSLER, Martin: Plattformökonomie als Organisationsform zukünftiger Wertschöpfung – Chancen und Herausforderungen für den Standort Deutschland, WISO Diskurs, FES 21/2018

SCHROEDER, Wolfgang: Industrie 4.0 und der rheinische, kooperative Kapitalismus, in: FES, Abteilung Wirtschafts- und Sozialpolitik der Friedrich-Ebert-Stiftung (FES), WISO Direkt 03/2017

SCHULZ VON THUN, Friedemann: Miteinander Reden, Bd. 1, Störungen und Klärungen, Hamburg 1981

SCHULZ VON THUN, Friedemann: Miteinander Reden, Bd. 2, Stile, Werte und Persönlichkeitsentwicklung, Hamburg 1999

SCHULZ VON THUN, Friedemann: Miteinander Reden, Bd. 3, Das innere Team und situationsgerechte Kommunikation, Hamburg 1999

SCHWERDTFEGER, Heike/Littmann, Saskia: Mächtige Verbündete, Diversity, Konzerne und Kapitalmärkte werden von Männern dominiert. Warum Großinvestoren und mächtige Fondsmanagerinnen mehr Vielfalt fordern, in: WIWO, 4, 19.1.2018

SHAFTEL, Fanny/Shaftel, George/Weinmann, Wulf: Rollenspiel als soziales Entscheidungstraining, München/Basel 1978

SWEDISH Association of Local Authorities: The 3Rs. Tools for Gender Equality in Local Government, Stockholm 1999

THIESEN, Peter: Kreatives Spiel, Praxisbuch, Troisdorf 1995

THIESEN, Peter: Klassische Kinderspiele, Neu entdeckt für Kindergarten und Schule, Weinheim/Basel[3] 2000

UHL, Christine (Hg.): Der Kindergarten, Heft 8, Streichholzspiele, Werden und Wirken, Weimar 1947

UNTERHOFER, Ulrike/Welteke, Clara/Wrohlich, Katharina: Das Elterngeld hat soziale Normen verändert, DIW-Wochenbericht, Nr. 34, 2017, S. 659

VDI/VDE (Hg.): Statusreport, Arbeitswelt Industrie 4.0, 2016

WEBERSIEK, Julia/Gurr, Judith: Seminar „Zoom für Fortgeschrittene“, Notizen aus der Zoom-Schulung für Fortgeschrittene, 17.3.2021 – Leuphana Lehrservice, Universität Leuphana, Lüneburg 2021

WELLHÖFER, Peter R.: Gruppendynamik und Soziales Lernen, Theorie und Praxis der Arbeit mit Gruppen, Stuttgart 1993

WENGER, Philip: Praxisrelevante Inhalte außerbetrieblicher Stellenausschreibungen: Ein Beitrag zur Linderung der „Missmatch-Problematik“ der Arbeitsmarktsituation in Deutschland, 2013

WIRTSCHAFTSWOCHE: Mächtige Verbündete, Diversity, 4/19.1.2018, S. 70

WITTWER, Wolfgang (Hg.): Methoden der Ausbildung, Didaktische Werkzeuge für Ausbilder, Konstanz 2001

WORLD Economic Forum: The Global Gender Gap Index 2020, https://reports.weforum.org/global-gender-gap-report-2020/the-global-gender-gap-index-2020 [08.10.2022, 19:58]

WSI-GENDERDATENPORTAL: Frauen in Deutschland, http://www.wsi.de/de/wsi-genderdatenportal-14615.htm [08.10.2022, 19:45]

WSI-GENDERDATENPORTAL zur Berufstätigkeit von Frauen, https://www.sowitra.de/wsi-genderdatenportal [08.10.2022, 19:46]

WORLD Health Organization: Gender Inequality Index, http://www.who.int/data/nutrition/nlis/info/gender-inequality-index-(gii) [19.10.2022, 9:95]

Internetquellen

FÜHRUNGSFLOSKEL BINGO, https://www.allbright-stiftung.de/bingo [12.10.2022, 19:09]

TOP 10 DER BELIEBTESTEN AUSBILDUNGSBERUFE IN DEUTSCHLAND, https://www.ausbildungsstellen.de/ratgeber/top-10-der-beliebtesten-ausbildungsberufe-in-deutschland.html [08.10.2022]

HAUFE ONLINE REDAKTION, https://www.haufe.de/personal/hr-management/digitale-unternehmenskultur [26.10.2017, 12:25]

IT-BERUFE IM ÜBERBLICK, Berufe in der IT, Informatik und Elektrotechnik, http://www.azubiyo.de/berufe/it-berufe/?/ [12.10.2021, 14:44]

NIKOLAUS, https://www.brauchtum.de/de/winter/sanktnikolaus/ [5.12.2021, 17:04]

VERZEICHNIS DER ANERKANNTEN AUSBILDUNGSBERUFE 2022, http:// bibb.de./de/65925.php [12.10.2022, 12:08]

Abbildungsverzeichnis

Schlagworte

Audit Beruf und Familie
Beruf Aktuell, Lexikon der Ausbildungsberufe, 2021/2022
BMA
BMBFSJ
COM EU
Destatis
Diskriminierung
Diversitymine.eu/Inklusion
DIW
DGB
Elternzeitgesetz
EUROSTAT
ERASMUS
Familien-wegweiser.de
Frauenförderung
Friedrich-Ebert-Stiftung
Genderatlas
Genderdatenportal
Genderdax
Gender Gap
Girls Day
Gute Arbeit
IGM
Inklusion
OECD.org/publis
Verzeichnis anerkannter Ausbildungsberufe